De Cuba
com carinho

CB040565

Proibida a reprodução total ou parcial em qualquer mídia
sem a autorização escrita da editora.
Os infratores estão sujeitos às penas da lei.

A Editora não é responsável pelo conteúdo da Obra,
com o qual não necessariamente concorda. A Autora conhece os fatos narrados,
pelos quais é responsável, assim como se responsabiliza pelos juízos emitidos.

Consulte nosso catálogo completo e últimos lançamentos em **www.editoracontexto.com.br**

De Cuba
com carinho

YOANI SÁNCHEZ

Tradução
Benivaldo Araújo e Carlos Donato Petrolini Jr.
Revisão de tradução
Rodolfo Ilari

Copyright © 2009 da Autora
Todos os direitos desta edição reservados à
Editora Contexto (Editora Pinsky Ltda.)

Capa
Alba Mancini

Diagramação e projeto gráfico
Gustavo S. Vilas Boas

Revisão
Lilian Aquino

Dados Internacionais de Catalogação na Publicação (CIP)
(Câmara Brasileira do Livro, SP, Brasil)

Sánchez, Yoani
    De Cuba, com carinho / Yoani Sánchez ; [tradução Benivaldo Araújo e Carlos Donato Petrolini Jr.]. – 2. ed., 1ª reimpressão. – São Paulo : Contexto, 2013.

    ISBN 978-85-7244-449-1

    1. Blogs (Internet) 2. Cuba – Condições econômicas 3. Cuba – Condições sociais 4. Cuba – Descrição 5. Cuba – História 6. Cuba – Política e governo I. Título.

09-09614   CDD-972.91

Índice para catálogo sistemático:
1. Cuba : Descrição e história   972.91

2013

EDITORA CONTEXTO
Diretor editorial: *Jaime Pinsky*

Rua Dr. José Elias, 520 – Alto da Lapa
05083-030 – São Paulo – SP
PABX: (11) 3832 5838
contexto@editoracontexto.com.br
www.editoracontexto.com.br

Sumário

Nota do editor 9

Cuba virtual: a história de uma balseira no ciberespaço 11

Adiós muchachos, "compañeros" de mi vida… 19
A conta fica em cinco 21
Telenovelas ou realidades...22
O que farão com as bandeiras? 24
A anatomia de uma "Y" 26
Radioatividade 29
Adeus às escolas no campo 32
Relíquias e lembranças..34
Um novo tipo de economia..36
Frango por peixe 38
Trabalhadores sociais: a efemeridade de um contingente 39
Persépolis..41

Claudia e o tema recorrente da coragem 42
Algo se consegue 44
Aprisionados na onda 45
Inominável 47
Pluriemprego e monossalário 48
De gorilas e caudilhos 50
Dizer "não" 51
A extinção do Panda 52
Ninguém escuta 54
Caletone ou as vítimas do próximo furacão 55
Lâmpadas recarregáveis 56
Tomando nota 58
Quixote se escreve com "K" 59
Coisas em comum 60
Outra geração que aguarda 62
Medalhistas de vermelho 63
Portas que se abrem, grades que se fecham 65
O que a Polônia nos legou 66
A vantagem de uma merenda 67
Zweiland 69
Um mensageiro que se vai 70
Gravado no hipotálamo 72
Gênero de filme 73
Carapaça dura 75
Um simples ponto de vista 77
Há muitas maneiras de estar 78
O próximo frankenstein 79
Cuidado com a espontaneidade 80
Passos de caranguejo: um pra frente, dois pra trás 82
Netos descrentes 83
Meu reino por uma banana 84
Desfile e epidemia 86

Úmidas insignificâncias 87
Ritmo de frigideira 88
Para fora 89
E agora? 91
Mariel 92
Filhos da crise 94
Montéquios e Capuletos 95
Os sete passeiam por Tebas 96
Mestres instantâneos 98
A imprensa calada 100
Desemprego juvenil 101
Quem assina as cartas agora? 103
Brainstorm 104
Debaixo do guarda-chuva 106
Miopia e astigmatismo 107
O moedor 109
De equinócios e netos 110
Buraco hobbit 112
Mudanças no Olimpo 113
Um discurso bem macho 115
Perguntas incômodas 116
Me leva para navegar, pelo largo mar 118
Ampulheta 119
Agradecimento e pedido 121
Boring Home 122
Parabólicas 124
Revolução.com 125
Lista de pedidos 127
Nostalgia de pizza 128
Duas agendas 130
Endofobia 131
Lokomotiv 133

Vítima não, responsável 135
Os otimistas 136
Nós, o Povo 138
Venha e viva essa experiência 139
Um mundo possível é melhor 141
Lady, I love you 142
Celebração e picadinho 143
Cartão recebido das mãos
     de um vendedor ilegal na saída de uma loja 144
Ausência de cores 146
Os humildes 147
Missões 148
Violentados 150
O primeiro sol de 2009 151
O outro Pablo 152
O fim dos subsídios 153
Natividade? 155
Soluções 156
Os filhos devoram Saturno 157
Hospitais: você leva tudo? 159
A utopia imposta 161
Pedalar 162
Aniversário de nascimento ou de morte? 163
Breve encontro com Mariela 165
As árvores estão brotando 167
Um monossílabo extraviado 168
As reprimendas da quarta-feira 171

Sobre o telhado de vidro 173
Reinaldo Escobar

O tempo e o espaço da Cuba de Yoani 175
Demétrio Magnoli

Nota do editor

Yoani Sánchez escreve um dos blogs mais visitados do mundo, com vários milhões de acessos mensais, mas quase não consegue ser lida em Cuba. Quando foi eleita pela revista *Time* uma das mulheres mais influentes do mundo, ou quando recebeu o prêmio Ortega y Gasset, seus feitos não foram registrados, muito menos festejados pelo governo cubano. Seu blog *Generación Y,* que fica dentro do site denominado *Desde Cuba* (daí o nome deste livro, *De Cuba, com carinho*), é cultuado por internautas que o veem como um exemplo do potencial desse veículo. Mas é muito mais do que isso.

Yoani mora em Cuba, com seu marido Reinaldo Escobar e seu filho adolescente Teo, e conta nos seus posts como é a vida cotidiana na ilha, talvez com certo amargor, mas não sem boa dose de humor. Este livro é uma coletânea inédita desses posts, principalmente os mais recentes, selecionados pela autora, precedida por uma introdução que ela escreveu especialmente para o leitor brasileiro. Quando lhe perguntam se não teme a manipulação de seus escritos, ela responde que não se preocupa com isso, uma vez que não escreve para Miami ou para o Governo Cubano, e sim relata o que vê e pensa. O que não é pouco.

De Cuba, com carinho é um belo livro de História. História cotidiana de quem vive o dia a dia da ilha, sofre com a decadência da economia cubana, mas ama seu país. Alguém que não deseja que conquistas obtidas nas últimas décadas sejam jogadas fora, mas acha que o regime envelheceu com seus dirigentes.

Além dos posts e da introdução, este livro contém um pequeno texto escrito pelo marido dela aos dirigentes do país, quando ela foi proibida de viajar para o exterior atendendo a convites. Fechando o volume (mas podendo ser lido antes) temos um escrito do sociólogo Demétrio Magnoli, também produzido especialmente para este livro, em que contextualiza Yoani e seus textos para o leitor brasileiro.

A tradução, cuidadosamente revista pelo linguista Rodolfo Ilari, contém notas esclarecedoras ao final de cada texto.

Cuba virtual:
a história de uma balseira
no ciberespaço

GARRAS E ASAS

Há criaturas mestiças difíceis de classificar em alguma ordem e uma delas é a minha escrita, a meio caminho entre a crônica, o exorcismo pessoal e o grito. O hipogrifo que nasceu desses dois anos escrevendo um blog na internet tem garras reais fincadas no cotidiano para extrair os episódios que coloco nos meus posts. Suas asas são brinde da virtualidade, o imenso ciberespaço onde meus textos fazem o que eu não poderia: mover-se e expressar-se livremente. Ao olhar esse híbrido, alguns pensam que seu corpo leonino está próximo do jornalismo, enquanto outros o julgam literatura. Eu, que já não posso controlar os empurrões e arranhões que levo desse animal, só consigo recordar que seu nascimento foi uma terapia pessoal para espantar o medo, para sacudir o temor escrevendo – precisamente – sobre aquilo que mais me paralisava.

A unha retocada dessa besta virtual pode ser vista no site *Generación Y* (*Geração Y*), porém a maior parte de sua anatomia tem lugar na Cuba real do início deste milênio. Justamente num país onde as classificações se revelam rígidas e os apelativos contundentes. Aqui só é possível ser "revolucionário" ou "contrarrevolucionário", "escritor" ou "alheio à cultura", pertencer ao "povo" ou a um "grupelho". Enfim, não há espaço para que meu hipogrifo voe livre, sem o grilhão do "conflitivo" e sem as represálias de quem não entende sua natureza híbrida. De maneira que minha escrita acabou por mexer com minha vida, mudá-la, virá-la de pernas pro ar e até colocar-me na mira de instituições culturais e repressivas. Cada vez mais gostaria de imaginar que minha obra está numa prateleira e não que a carrego nos ombros – cada minuto de minha existência –, dizendo-me se continuo livre ou se termino atrás das grades, se consigo ou se me negam uma autorização para viajar ao exterior e se no térreo do meu prédio estão – ou não – os dois homens que me seguem por toda parte.

Desde aquele abril de 2007, no qual comecei a redigir minhas desencantadas vinhetas da realidade, não tive um minuto de tédio. Em centenas de ocasiões evoquei – ao olhar o lugar de minha passada inércia – quão sossegada eu estava até abrir a boca. Em uma sociedade como a minha, pronunciar-se é o caminho mais curto para atrair problemas. Ao tentar livrar-me de certos demônios acumulados, na realidade estava gerando endríagos de múltiplas cabeças que saíam totalmente de meu controle. Gostaria de ter vivido mais placidamente o ato de escrever, mas em Cuba não há escolha, não há lugar para criaturas híbridas e inovadoras como pode vir a ser um blog.

Batizei meu novo espaço de exorcismo *Generación Y*, um blog inspirado em gente como eu, cujo nome começa por (ou contém) um "ípsilon". Pessoas nascidas na Cuba dos anos 1970 e 1980, marcadas pelas escolas rurais, pelos bonequinhos russos, pelas saídas ilegais e pela frustração. Pois naquelas décadas tão controladas, ao menos uma parcela de liberdade ficou sem supervisão: o simples ato de dar nome aos filhos. Daí que nossos pais – padronizados até ao excesso, todos vestindo o mesmo modelo de calça ou de blusa que o racionamento lhes concedia – se esbaldavam colocando esses nomezinhos exóticos. Sou fruto direto dessa nesga de liberdade onomástica isenta de fiscalização, daí minha obsessão por forçar os limites. Pertenço a esse amontoado disperso, que inclui tanto interrogadores da polícia política quanto *jineteros*[1] que caçam turistas para arrancar dólares. Porém, uma corda de cinismo nos mantém atados uns aos outros. A dose necessária para viver numa sociedade que sobreviveu aos seus próprios sonhos e que viu o futuro esgotar-se antes de chegar. A penúltima letra do alfabeto se destaca entre os que entraram na puberdade quando o muro de Berlim já tinha caído e União Soviética era apenas o nome de uma revista em cores que se cobria de pó nas bancas de jornal. Na falta de utopias às quais aferrar-se, somos uma geração de plantas no chão, vacinada de antemão contra as quimeras sociais.

Tampouco meu breve passado – de pioneira repetidora de palavras de ordem, de adolescente evasiva e de aprendiz de toda e qualquer linha esotérica que estivesse à mão – conta pontos diante dos que exigem um histórico que me sustente. A esses tento dizer que sou apenas uma trintona compulsiva que gosta de digitar e registrar por escrito suas vivências; mas eles precisam de mais. Exigem que, como nesses currículos exagerados, eu declare que sempre fui esse amor de rebelde que pareço ser agora. Nem pensar. *Generación Y* é a coisa mais arriscada que fiz em minhas três décadas de vida e, depois de começar a escrevê-lo, sinto com frequência os joelhos tremerem. Para evitar endeusamentos e futuras crucificações, deixo claro em uma das páginas que o meu blog é um exercício pessoal de covardia: dizer na rede tudo aquilo que não me atrevo a expressar na vida real.

Além do medo, há a delicada questão da tecnologia. Meu velho laptop, que me foi vendido meio ano antes por um balseiro que precisava de um motor de Chevrolet, foi a base material da qual surgiu *Generación Y*. A Idade Média comunicativa na qual vivi todos esses anos me transformou numa especialista em utilizar os mais incríveis meios para expressar-me. Tive telefone em casa – pela primeira vez – aos 22 anos, por isso a engenhoca com fones e botões não foi o meu primeiro nível de conexão com outras pessoas. A computação chegou antes, num desses típicos saltos tecnológicos que ocorrem com tanta frequência por aqui. Nesta Ilha peculiar, vimos aparelhos de DVD serem vendidos, sem que antes nenhuma loja vendesse videocassetes. Imbuída dessa tendência para o salto tecnológico, construí meu primeiro computador no distante 1994. Com a obstinação que já exibia aos 18 anos, uni-me ao mouse e ao teclado para sempre. Pioneira em tantas coisas e ignorante em outras, sou agora uma mescla rara de *hacker* e linguista – se meus professores de semântica e fonologia tomassem conhecimento da minha queda pelos circuitos elétricos, veriam confirmados seus prognósticos negativos sobre meu futuro acadêmico. Montei meus frankensteins com peças de toda parte e, em infinitas madrugadas, conectei placas-mães, micros e fontes de alimentação. No momento em que decidi fazer meu próprio blog, já tinha superado o furor de construir computadores e me dedicava a alimentá-los com meus próprios textos.

De modo que meu trajeto rumo à escrita não o fiz da forma linear como se poderia pensar de uma graduada em Letras que passou a maior parte da vida lendo a obra dos outros. A primeira guinada aconteceu em meados do ano 2000, quando me formei na universidade e defendi uma tese intitulada Palavras sob pressão: um estudo da literatura da ditadura na América Latina. Colocar por escrito as características dos caudilhos, sátrapas e ditadores desta parte do mundo causou – por parte da banca que avaliava minha análise – a impressão de que eu fazia uma analogia provocadora entre esses personagens da literatura e o autocrata que nos governava. Tenho gravado na memória o dia em que defendi meu trabalho de graduação, assim como o momento em que abandonei de vez a carreira para a qual tinha estudado por cinco anos. A partir daí me converti numa filóloga renegada, que descobriu no código binário um entorno mais claro e com menos duplicidades que o rebuscado mundo da intelectualidade. Empenhei-me em devorar as longas cadeias da linguagem HTML, como compensação por todos os adjetivos e verbos que não tinham me permitido usar livremente.

Não tenho a objetividade do analista, as ferramentas do jornalista nem a leve moderação de um professor universitário. Meus textos são passionais e subjetivos, cometo o sacrilégio de usar a primeira pessoa do singular e meus leitores sabem que só falo daquilo que vivi. Nunca tive aulas de como apresentar uma informação, mas o curso de Letras me legou uma doença profissional que não posso negar: juntar palavras sem cometer demasiados erros. Brinquei com o idioma no meu tempo de estudante e sei das ciladas que a petulância verbal reserva aos que pretendem desmontar a língua. Sou como esses designers gráficos que um dia decidem pegar no pincel e comprovam que sua mão já não se permite uma pincelada não estudada. Não há nada inocente nos meus escritos, porque um linguista nunca poderá alegar que não conhecia de antemão a força das frases que amontoou. Por isso, diante da constante observação de que escrevo "bem", sempre respondo com uma frase curta: "sinto muito, não posso evitar, foi para isso que me formaram".

Comecei meu blog sem calcular – de forma responsável – a relação entre kilobytes publicados e ofensas recebidas, histórias narradas e inimigos conquistados. Vivo meus textos com uma intensidade inabitual para um escritor, pois carrego comigo as consequências que cada um deles me produz e recebo imediatamente o *feedback* dos leitores. Não posso mais vegetar a salvo como tantos outros que alcançaram tão idílico estágio de preservação pessoal graças a não pronunciar-se diante de nada. Na mesma nudez vivem milhões nesta Ilha, como se soubessem de antemão o que eu comprovei meses depois de começar meu blog: que ao opinar estava delatando a mim mesma.

Há também as centenas de comentaristas que entulham meu espaço na internet para deixar-me ciente de sua solidariedade ou sua antipatia, sua ilusão ou sua decepção com relação a mim. Esse é um fato diante do qual minha escrita não pode permanecer ilesa. As paredes da minha vida se tornam mais transparentes: gente de todas as partes do mundo está atenta aos meus estados de ânimo e presta atenção aos possíveis castigos que pode me ocasionar meu trabalho on-line. Só a perda de minha privacidade – o fim de uma bolha fabricada com anos de silêncio, intimidade e reserva – evita que eu seja devorada pela engrenagem que já engoliu tantos. Toda pessoa que lê meus escritos me protege, e só a proteção desses leitores me permitiu chegar até aqui.

[1] N.T.: Profissionais do sexo (homens ou mulheres) em Cuba. Uso pejorativo.

Adiós muchachos, "compañeros" de mi vida...

Há palavras que têm seu momento, enquanto outras conseguem sobreviver aos modismos para permanecer no nosso cotidiano. Alguns vocábulos de presença desmedida contrastam com outros que foram condenados ao esquecimento, a ser mencionados apenas quando se evoca o passado. Todos esses processos de repúdio ou aproximação que ocorrem dentro das nossas cabeças ficam evidentes quando falamos. Daí que a morte pública de um político tenha início quando as pessoas deixam de colocar-lhe apelidos; a crise de um ideal fica demonstrada se poucos fazem referência a ele e a propaganda ideológica se debilita quando ninguém repete seus bordões maniqueístas. A linguagem pode validar ou enterrar qualquer utopia.

Entre as evidências linguísticas da nossa atual apatia, está o paulatino desaparecimento do termo "companheiro". Cada vez se usa menos essa fórmula para aludir a um amigo de toda a vida ou alguém que encontramos pela primeira vez. Ao serem desterrados – por suas reminiscências pequeno-burguesas – os apelativos "senhor", "senhora" e "senhorita", chegaram outros que queriam manifestar uma maior familiaridade entre os cubanos, como o importado "camarada". Aconteciam até casos tragicômicos, por exemplo, quando uma pessoa chamava de "companheiro" ao burocrata que o fazia esperar seis horas por um papel, embora na verdade tivesse vontade de insultá-lo.

Durante anos, dirigir-se a outra pessoa de modo distinto da etiqueta ditada pelo Partido, podia ser entendido como um desviado ideológico. Todos éramos "iguais" e até mesmo o uso do *usted*[1] desapareceu nessa falsa intimidade que degenerava em frequentes faltas de respeito. Quando a ilha se abriu ao turismo, uma das primeiras lições que aprenderam os empregados dos hotéis foi retomar o estigmatizado "senhor" para dirigir-se aos hóspedes. Pouco a pouco os apelativos do passado mais recente ficaram restritos ao vocabulário dos mais fiéis, dos mais velhos. Assim, entre as milhares de saudações que se escutam hoje em nossas ruas – *brother, yunta, nagüe, socio, amigo, ecobio, puro* ou o simples "psst" – cada vez aparecem menos as sonoras sílabas de "companheiro".

[1] N.T.: Pronome usado no tratamento formal em espanhol, cujo equivalente em português são as formas "o senhor" e "a senhora".

Yoani Sánchez

Masa Bengue

A conta fica em cinco

A cortina vermelha de fundo, a mesa presidencial fiel ao estilo soviético e o líder no centro, mal deixando falar os que estavam sentados nas outras poltronas. Assim me lembro dos congressos do Partido Comunista de Cuba, que começaram a acontecer – justamente – naquele 1975 em que eu nasci. Depois do quarto, que foi realizado em 1991, o próximo demorou em parte devido às carências materiais que impediam reunir, hospedar e alimentar tantos delegados. Porém, sempre acreditei que esses atrasos revelavam a inconsistência do que está escrito no artigo 5 da Constituição cubana: "o Partido [...] é a força dirigente suprema da sociedade e do Estado". A demora em estabelecer diretrizes e planos deixava evidente que o país era governado de outra forma: mais pessoal, mais reduzida à vontade de um homem.

Daí eu não me surpreender com o novo adiamento do sexto congresso do PCC, pois já se vão 12 anos desde o último realizado. Afinal de contas, as dinastias não precisam de ideologias, nem do consenso dos membros de uma organização com princípios e estatutos, nem muito menos precisam ajustar-se a um roteiro traçado por um encontro partidário. Para improvisar, baixar ordens de cima, chamar à disciplina e ao controle, dizer obviedades do tipo "é preciso trabalhar a terra" e continuar anunciando prazos que não se cumprem, não é necessário se reunir, chegar a acordos, nem se encontrar para acatar as demandas populares.

Telenovelas ou realidades

Para Mariana e Paulo

Algum dia a história de nossas últimas décadas deverá ser contada a partir das telenovelas brasileiras que passaram pela telinha. Ouviremos os especialistas estabelecerem paralelismos entre a quantidade de lágrimas derramadas diante da televisão e o grau de resignação ou de rebeldia adotado na vida real. Também será matéria de estudo a esperança que alimentava em nós aquele sujeito – o dos folhetins televisivos – que conseguia sair da miséria e realizar seus sonhos.

Nessa provável análise, terão que incluir, sem dúvida, a atormentada ficção de *A escrava Isaura*[1]. A mulher mestiça que escapava de um amo cruel paralisou nosso país e, numa ocasião, fez com que passageiros se negassem a subir num trem e permanecerem na estação durante a transmissão do capítulo final. Inclusive nos serviu de fonte para analogias entre o escravocrata que não concedia a liberdade à sua serva e os que agiam como nossos patrões, controlando tudo. Nessa época, as amigas de minha mãe se divorciaram em massa, inspiradas na personagem independente de Malu,[2] que criava sozinha uma filha e não usava sutiã.

Veio então o ano de 1994 e o *maleconazo*[3] obrigou o governo a adotar certas aberturas econômicas, que se materializaram em quartos de aluguel, táxis particulares e cafés autônomos. Nesse momento chegamos perto da trama de uma produção carioca que influiu diretamente na forma de nomear as novas situações. Nós cubanos batizamos de *paladar* o restaurante administrado por gente comum, da mesma forma que a empresa de alimentos criada pela protagonista de *Vale tudo*.[4] A história da mãe pobre que vendia comida na praia e terminou fundando um grande consórcio, para nós, se assemelhava à dos recém-surgidos *cuentapropistas*,[5] que equipavam a sala de casa para oferecer pratos extintos décadas atrás.

Depois, as coisas começaram a se complicar e vieram seriados em que camponeses reclamavam suas terras, mulheres cinquentonas faziam planos para o futuro e repórteres de um jornal independente conseguiam conquistar mais leitores. Os roteiros desses dramas acabaram sendo – nesta Ilha – chaves para interpretar nossa realidade, compará-la com outras e criticá-la. Daí que, três dias por semana, fico diante da tela para ler nas entrelinhas os conflitos que envolvem cada ator, pois deles surgem muitas das atitudes que meus compatriotas assumirão na manhã seguinte. Terão mais ilusões ou mais paciência, em parte "graças" ou "por culpa" dessas novelas que nos chegam do sul.

---

[1] N.T.: Telenovela brasileira produzida pela Rede Globo e exibida entre 11/10/1976 e 5/2/1977. Era uma adaptação, escrita por Gilberto Braga e dirigida por Herval Rossano e Milton Gonçalves, do romance *A escrava Isaura*, de Bernardo Guimarães.

[2] N.T.: Personagem interpretada pela atriz Regina Duarte no seriado *Malu Mulher*, produzido pela Rede Globo e exibido entre 24/5/1979 e 22/12/1980, com criação e direção de Daniel Filho.

[3] N.T.: Mobilização popular ocorrida em Havana no dia 5/8/1994, quando centenas de cubanos invadiram o Malecón em protesto contra a escassez de comida e energia.
[4] N.T.: Telenovela brasileira produzida pela Rede Globo, exibida entre 16/5/1988 e 6/1/1989. Foi escrita por Gilberto Braga, Aguinaldo Silva e Leonor Bassères e dirigida por Dênis Carvalho e Ricardo Waddington.
[5] N.T.: Microempresários autônomos.

O que farão com as bandeiras?

De noite, feixes de luz vermelha iluminavam um pedaço do Malecón, bem onde o apito dos guardas adverte que ninguém pode se sentar. A Seção de Interesses dos Estados Unidos tinha um toldo com painel luminoso – que poucos conseguiam ler – para transmitir notícias, artigos da declaração dos direitos humanos e mensagens políticas. Diante dela, um bosque de bandeiras impedia que, da altura de um ser humano, as letras deslizantes pudessem ser vistas. Com seu constante esvoaçar, os enormes panos "presenteiam" a vizinhança com um ruído que dificulta o sono nos edifícios mais próximos.

Embora a versão oficial diga que os 138 mastros estão lá para lembrar as vítimas do terrorismo, todos sabemos que cumpriam a missão de tapar – quase em sua totalidade – as declarações que apareciam nas janelas da Sina.[1] O painel, de um lado, e as bandeiras, do outro, eram o símbolo visível do confronto entre os dois governos, cuja evolução ainda é muito difícil de prever. Para divergir do repetitivo caminho do conflito, faz uns dias que os americanos desativaram o painel luminoso que se projetava em direção à rua. Um pouco antes haviam sido retiradas – também – as placas de tom zombeteiro ou insultos que a parte cubana tinha posto na calçada em frente.

A pergunta que muitos fazemos a nós mesmos é o que acontecerá agora com as bandeiras tremulantes, se já não há frases para encobrir com elas. O enorme custo de substituir os pendões estragados pelo vento e de manter os mastros – fortemente corroídos pela maresia – perde o sentido se não há textos do outro lado. Desmontar os símbolos será um gesto que tardará um pouco mais para chegar, mas que acabará ocorrendo. Algum dia caminharei pela avenida costeira da minha cidade e nada impedirá a união dos dois azuis que constituem o céu e o mar.

Se a tela digital com suas mensagens já foi desativada, então é hora de arriar também as bandeiras que tentavam ocultá-la.

[1] N.T.: Sigla em espanhol da USINT (*United States Interests Section*).

A anatomia de uma "Y"

Foi a partir de hotéis onde eu não podia entrar legalmente que coloquei meus primeiros textos na rede. Minha pele branquela – herdada de dois avôs espanhóis – me permitiu burlar os seguranças, que pensavam que eu era estrangeira. Se por acaso me perguntavam aonde eu ia, eu respondia com um germânico *"Entschuldigung, ich spreche keinen Spanish"* (desculpe, eu não falo espanhol). Levava o *pen-drive* com os últimos posts e o relógio me alertava que dali a quinze minutos não poderia mais pagar o alto preço da conexão à internet. Seria uma facada no bolso, caso eu demorasse demais entre um clique e outro.

Tantos atropelos para infiltrar-me nos segregados enclaves turísticos, e alguns meses depois o governo de Raúl Castro anunciaria que terminava o Apartheid. Teríamos permissão para comprar computadores e hospedar-nos em hotéis, mas não ficou claro com que salário pagaríamos os preços excessivos desses serviços em moeda conversível. Apesar dessa flexibilização, nós cubanos continuamos a ser internautas sem documentos, já que nossas incursões no terreno da internet estão marcadas pela ilegalidade. As transgressões acontecem quando alguém compra uma senha no mercado negro para acessar a rede, ou usa uma conexão oficial para entrar em páginas bloqueadas. Se em vez disso pagamos o preço exorbitante da conexão num hotel, automaticamente delatamos a fonte ilegal de nossos recursos materiais. Eu pertenço a esse último grupelho de criminosos, pois há dez anos me dedico a ganhar a vida como professora de espanhol e guia turística, sem ter licença para isso.

Yoani Sánchez

Quando ainda não era permitida a venda de computadores, eu já havia tido que afirmar diante de dezenas de jornalistas que possuía um laptop. Todos sabiam que eu não poderia tê-lo adquirido legalmente nas lojas de meu país e esse era um risco que pressagiava confiscos. Não obstante, minhas declarações exibicionistas pareciam proteger-me em vez de comprometer-me. Compreendi então que o fenômeno blogger era novo também para os censores; não sabiam ainda como lidar com ele. Cada tentativa de silenciar meus escritos, geraria mais e mais hits no servidor onde estava hospedado meu blog. Os tempos tinham mudado e os métodos de coação não tinham conseguido se adaptar à velocidade que a tecnologia tinha imposto.

Por outro lado, o mecanismo de uma antiga máquina de lavar soviética sustenta cada post que consigo publicar. O processo de disponibilizar textos no mundo virtual é esquisito demais para ser compreendido por qualquer um que não viva em Cuba. Nada de imediatez ou de pretender ser informativa: meu acesso à rede só me permite apelar à reflexão ou à crônica que não envelhecem rapidamente. O estilo de meus textos e seu enfoque estão condicionados pela indigência informática que os cerca e pela evasiva internet, tão escassa aqui como a tolerância. Para aumentar as dificuldades, em março de 2008 o governo cubano instalou um filtro tecnológico para impedir meu blog de chegar ao interior de Cuba. Por sorte, a própria comunidade de leitores que havia sido criada impediu que se colocasse uma placa de "fechado" na minha página web. Mãos virtuais e amigas me ajudaram a manter meu espaço, apesar de eu ter me convertido numa blogueira às cegas.

Um texto de Andrew Sullivan intitulado "Por que blogo?" caiu em minhas mãos quando *Generación Y* estava há meses na rede e já haviam me outorgado o prêmio Ortega y Gasset de jornalismo. Ao lê-lo, acabei entendendo que meu espaço não cabia no conceito de um blog. Para mim era impossível atualizar todo dia, ou narrar a imediatez do que acontecia na outra esquina. Tampouco podia tomar parte nos comentários que cada texto gerava ou responder as perguntas que os leitores faziam. Entretanto, as carências tecnológicas foram compensadas pelo surgimento de outros inventores de criaturas peculiares como a minha. Já não estava tão sozinha na blogosfera da Ilha, pois surgiram sites como *Octavo Cerco*, de Claudia Cadelo, *Desde Aquí*, mantido por Reinaldo Escobar, *Habanemia*, da jovem Lía Villares, e *Sin Evasión*, que Miriam Celaya administra com agudeza. Foi rara a semana em que não tomei conhecimento da aparição de um novo espaço virtual e pessoal, feito em Cuba e marcado pelas mesmas dificuldades tecnológicas que eu tinha. A proximidade de temáticas e a necessidade de transmitir experiências uns aos outros fizeram com que nos encontrássemos frequentemente, naquilo que batizamos de "jornada blogueira".

Criamos cópias de nossos blogs para leitores que nunca poderiam conectar-se à grande teia de aranha mundial. Em shows, exposições e praças públicas distribuímos nossos textos, sabendo que essa pequena difusão tem como contrapartida um desejo oficial de nos silenciar. Cada cópia entregue é como a inoculação de um vírus de consequências imprevisíveis: o bacilo da opinião livre, a infecção que contraem uns ao ver outros se expressando sem máscaras. Uma sociedade cheia de diques e controles é especialmente suscetível a essa gripe blogueira, sobretudo se a vacina contra ela se baseia nos desgastados métodos de outrora: a difamação, as acusações de que somos fabricados pela CIA e a tentativa de fazer parecer que não somos parte do "povo".

Radioatividade

Generación Y me trouxe também um halo radioativo que foi se espalhando ao redor do meu corpo. Alguns, com essa reserva que se manifesta diante dos condenados ou dos doentes, deixaram de me telefonar e, se me veem, só falam da família e das crianças. Apesar dos eflúvios nocivos que comecei a exalar há mais de dois anos, houve quem se mantivesse próximo por um tempo até a contaminação resultar-lhe perigosa demais. Portanto, enquanto perco amigos no mundo real – assustados pelas advertências feitas pela polícia política – o ciberespaço me proporciona novas companhias virtuais. Os comentaristas se apropriaram do meu blog e criaram uma comunidade cujo objetivo principal é discutir Cuba. Chegaram sob simpáticos pseudônimos ou com seus próprios nomes: La Lajera, Gabriel, Tseo, Olando Martínez, Luz Clarita, Julito64, Camilo Fuentes, Fantomas, Web Master, Rodolfo Monteblanco, Dago Torres, Mario Faz, Lord Voldemort e outros. O alvoroço que fizeram quando foi anunciado que *Generación Y* tinha ganhado o prêmio de melhor weblog do concurso *The Bobs*, abalou durante dias a blogosfera mundial. Abraçados pela cintura, ou pelos ombros contornaram seu Malecón[1] imaginário, enquanto celebravam o fato de meu blog – o nosso – ter ganhado notoriedade em função do prêmio.

Paralelamente a esses momentos de franca diversão, há o custo pessoal e social do meu blog, que foi especialmente difícil de levar no último ano. À medida que eu me tornava mais conhecida, os ataques se intensificavam. Até o Comandante – disfarçadamente – me daria um primeiro arranhão no prólogo do livro *Fidel, Bolivia y algo más*. Entretanto, eu faço parte do grupo que nunca sonhou encontrar o Líder Máximo na rua. Não elaborei argumentos para convencê-lo, nem fiz uma lista de questões para propor a ele. Ao contrário de várias gerações que apostavam nesse esbarrão fortuito que os faria dialogar com o poder, preferi pensar que nunca o veria em carne e osso. Entrar numa polêmica com ele não é algo que me traz nenhum orgulho pessoal: prefiro condenar à "não resposta" quem saturou minha vida com sua imagem, seu uniforme verde-oliva e seus discursos intermináveis. A melhor réplica, quando me acusou de "receber prêmios que movem as águas dos moinhos do imperialismo", foi deixar claro, com minha indiferença, que ele tinha deixado de ser importante para mim. Como num desses boleros, feitos para cantar depois de uns tragos, eu queria dizer a Fidel Castro que tudo o que ele representava e dizia tinha "*entrado en mi pasado, en el pasado de mi vida*".

Apesar dessas acusações e do bloqueio tecnológico à minha página web, as antenas de satélite clandestinas – escondidas atrás de um lençol, de uma gaiola de pombos, ou de uma inofensiva caixa-d'água – difundiram notícias sobre mim que a imprensa oficial oculta. Boa parte dos que me reconhecem na rua viram meu rosto nesses programas perseguidos que são transmitidos do México ou de Miami. Antes despercebida e anônima, passei a usar uns óculos enormes para não ser identificada – constantemente – em toda parte. Muitos dos que se aproximam de mim não sabem o que é um blog e jamais navegaram na internet, mas identificam meu rosto com o proibido, que é – indiscutivelmente – muito mais atrativo que o permitido.

Alguns dos que me cumprimentam na rua me perguntam sobre represálias, como se só o golpe legitimasse ou se fosse indispensável ser vítima para ser ouvida. Não tenho hematomas para mostrar – só tive uma fratura uma vez na infância – e durante anos ninguém bateu na minha porta para advertir-me de nada. O machismo tem só um lado positivo: confrontados ante o dilema de quem prender, era meu marido, Reinaldo, quem levavam toda vez. Meus ovários são culpados, porém subestimados. Algo desse menosprezo insular dirigido às saias atuou como blindagem protetora durante um tempo. Até que em dezembro de 2008, vi pela primeira vez o rosto de Fantomas.[2] Uma intimação chegou a minha casa e, numa sórdida delegacia de polícia, me advertiram que eu "tinha ultrapassado todos os limites".

Há meses eu sei que é impossível retornar ao mutismo. *Generación Y* dissolveu a máscara que usei durante muitos anos e deixou a nu um novo rosto que cada um percebe à sua maneira. As palavras vertidas nesse diário virtual não tiveram o fardo pesado dos que foram vítimas ou carrascos: são – simplesmente – os demônios soltos de alguém que se sente "responsável" pelo que acontece em seu país. O blog me trouxe inimigos e entusiastas, insônia e paz, a angústia permanente de me sentir vigiada e a tranquilidade de quem não tem nada a esconder. A plaquinha de inimiga do governo cubano não há quem me tire, embora eu prefira reafirmar que me sinto apenas uma cidadã. Tantos kilobytes utilizados me confirmaram que não sou eu, nem somos nós, os que nos opomos a algo; é a realidade cubana – essa que descrevo nos meus posts – que se mostra profundamente contestatária, marcadamente opositora.

[1] N.T.: Avenida à beira-mar em Havana, lugar habitual de concentração e manifestações populares.
[2] N.T.: Herói do desenho animado japonês criado por Takeo Nogamatsu em 1967.

Osvaldo Castillo

Adeus às escolas no campo

A ideia de conjugar o estudo com o trabalho nos cursos pré-universitários parecia muito boa no papel. Tinha uma cara de futuro imperecível no gabinete onde foi convertida em uma disposição ministerial. Porém, a realidade – tão contumaz como sempre – fez sua própria interpretação das escolas no campo. O "barro" que tentavam amoldar no amor à lavoura era constituído por adolescentes afastados – pela primeira vez – do controle paterno e que encontraram condições alimentares e de moradia muito diferentes das projetadas.

Eu, que deveria ter sido o "homem novo" e mal pude chegar a ser um "homem bom", me formei com uma dessas bolsas de estudo no município de Alquízar. Cheguei com 14 anos e saí com uma infecção na córnea, uma deficiência hepática e a dureza que se adquire quando se viu demais. Quando me matriculei, ainda acreditava nas lorotas do estudo/trabalho; ao partir, sabia que muitas das minhas colegas tiveram que fazer sexo para conseguir boas notas ou mostrar um excedente na produção agrícola. Os delicados pés de alface que eu limpava toda tarde tinham sua contrapartida num alojamento onde primava a intimidação, o desrespeito à privacidade e a dura lei do mais forte.

Justamente, numa daquelas tardes, depois de três dias sem abastecimento de água e com o repetitivo menu de arroz e couve, jurei a mim mesma que meus filhos nunca iriam a um pré-universitário no campo. Fiz esse juramento com a crueza adolescente que – com os anos – vai se acalmando e nos permite ver a impossibilidade de cumprir certas promessas. Então me acostumei com a ideia de que precisaria encher cestas de comida para Teo quando fosse bolsista, de escutá-lo dizer que lhe roubaram os sapatos, que o ameaçaram no chuveiro ou que um rapaz maior lhe tirou a comida. Todas essas imagens, que eu tinha vivido, voltavam quando eu pensava nos internatos.

Por sorte, o experimento parece ter terminado. A improdutividade, a transmissão de doenças, a deterioração dos valores éticos e o baixo nível acadêmico fizeram sucumbir esse método educativo. Depois de anos de perdas econômicas, pois os estudantes consumiam mais do que conseguiam extrair da terra, nossas autoridades se convenceram de que o melhor lugar para um jovem é ao lado dos pais. Só que anunciaram o fim próximo das bolsas sem um pedido público de perdão àqueles que foram cobaias de uma experiência fracassada e dos quais os cursos pré-universitários no campo levaram parte dos sonhos e da saúde.

Relíquias e lembranças

Um leitor de *Generación Y* me enviou um pedaço do muro de Berlim. O fragmento de concreto chegou até mim, que também estou cercada por certos limites que, mesmo intangíveis, nem por isso são menos severos. A pedra rabiscada com restos de grafites me sugeriu uma coleção impossível daquilo que contribuiu para separar os cubanos. No dizer de um escritor latino-americano, seria o desfile "das coisas, todas as coisas" que avivaram a divisão e a tensão entre os que habitam esta Ilha.

Poria, nessa peculiar coleção de objetos, um pedaço do arame farpado que uma vez cercou as Unidades Militares de Ajuda à Produção (Umap); um estilhaço dos mísseis nucleares encravados em nosso solo e que estiveram a ponto de dar um sumiço em todo mundo; uma dessas páginas onde milhões assinaram – sem ter a opção de marcar "não" – que o socialismo seria irrevogável, e uma lasca daqueles cassetetes que abriram cabeças em 5 de agosto de 1994, na avenida do Malecón havanês. Ao mostruário faltaria uma peça importante se eu não pusesse, também, uma casca dos ovos atirados no êxodo de Mariel[1] e alguns milímetros de tinta dos relatórios e delações que abundaram nos últimos anos. Não haveria museu capaz de abrigar também os seres e situações que atuaram como uma grande barreira de tijolo e cimento entre nós.

Cada cubano poderia fazer seu próprio repertório dos muros que ainda temos. Mais difícil parece confeccionar a lista do que nos une, dos possíveis martelos e picaretas com que derrubaremos os muros que nos restam. Por isso me deixou feliz o presente desse habitual comentarista, pois tenho a impressão de que nossas barreiras e divisões também serão – algum dia – peças valorizadas apenas por colecionadores de coisas passadas.

[1] N.T.: Partida de 125 mil cubanos pelo porto de Mariel (a oeste de Havana) rumo aos EUA, autorizada por Fidel Castro entre abril e outubro de 1980.

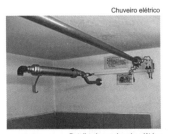
Chuveiro elétrico

Detalhe de um chuveiro elétrico

Um novo tipo de economia

Uma loja da rua Netuno fechou ontem para não ligar o ar-condicionado, depois que ultrapassou a rigorosa cota de kilowatts consumidos. Num hotel cinco estrelas, a explicação dada aos turistas foi que estavam sendo feitos consertos nos equipamentos de climatização, embora na realidade estes foram desligados para evitar que os relógios medidores andem mais depressa. Os empregados de ambos os lugares respiram um ar viciado devido ao calor, e poucos clientes se aventuram a fazer compras no supermercado ou a permanecer no *lobby* do hotel de luxo.

Os leques surgem por toda parte, em um racionamento que está custando ao país uma cifra que a imprensa não publica. As donas de casa evitam embrenhar-se na atmosfera pegajosa das lojas que vendem em pesos conversíveis; quem deseja fazer um depósito bancário não aguenta mais de meia hora no interior de uma agência sem janelas; os cafés veem minguar suas vendas; os cambistas autônomos levam a melhor porque as Cadecas[1] fecham após meio expediente e, nos cinemas, o público não sabe se grita por causa do monstro que quer devorar o ator principal ou por causa do calor insuportável. Cada gota de petróleo economizada corresponde a uma perda incalculável na arrecadação de divisas, sem falar no desconforto dos clientes, que parece não ser levado em conta nesse "original" plano de economia.

Evidentemente, as medidas tomadas tiveram origem em algum escritório climatizado "lá de cima"; a esses lhes ocorreu que – às três da tarde – ninguém espera por um documento num lugar onde se aglomeram e suam mais de vinte pessoas. Eu gostaria de propor aos artífices desse programa que estendessem os cortes a certos lugares intocáveis, onde o termômetro ainda marca menos de 25 graus. Seria bom, por exemplo, pedir aos membros da Assembleia Nacional – que se reunirão em 1º de agosto – que se desloquem para sua sede usando o transporte público, para não gastar o combustível de seus ônibus exclusivos. Deveriam, de acordo com as restrições elétricas em que vivemos todos, debater à luz de velas, tomar um refresco quente durante o lanche e reduzir as sessões a somente algumas horas, para evitar os gastos com o uso de microfones e transmissão televisiva. A ação de aprovar por unanimidade e aplaudir com frenesi – como sempre fazem – não requer nem muito tempo de reunião nem o usufruto de um relaxante ar-condicionado.

---

[1] N.T.: Casas de câmbio criadas pelo Banco Nacional de Cuba em 1984.

De Cuba, com carinho

"La Sardina" [A Sardinha] foi o primeiro açougue onde comprei pelo mercado racionado

Frango por peixe

No sábado pela manhã eu soube que tinha chegado frango no mercado racionado e fui ao açougue, onde habitualmente se vendem ovos e picadinho de soja. No entanto, não havia ali nenhum cliente. O empregado, com o mutismo que é moda entre os que atendem o público, apontou com o dedo uma centena de pessoas que faziam fila na frente da peixaria.

Já faz tempo que há escassez de produtos marinhos, e as fontes naturais de fósforo estão mais perdidas do que a arca nos filmes de Indiana Jones. Daí que, na tabuleta onde deveriam marcar a cota de cavala ou merluza, agora anotam uma porção ínfima de coxa e sobrecoxa de frango. Fiquei algumas horas esperando e, finalmente, entrei nesse lugar onde já não há vestígios do cheiro das costas da África, onde a frota pesqueira cubana capturava os peixes, lá... nos idealizados tempos do socialismo real.

A vendedora estava parada sobre um tapete de papelão, onde se podia ler – com a maior clareza – a procedência da mercadoria: "Made in USA". Um velhinho de língua maliciosa não deixou escapar o detalhe e comentou: "Esses frangos americanos estão mesmo bem alimentados". A senhora pegou nossa caderneta de racionamento onde se especifica que somos três pessoas, jogou na balança 900 gramas – não incluía peito – e me disse que o preço era um peso e cinquenta centavos. "Quando chega o peixe?" – indaguei – mas ela não respondeu com palavras, e sim apontando o céu com o indicador.

O "supraministério" para a Batalha de Ideias também perdeu muito destaque

Trabalhadores sociais: a efemeridade de um contingente

Com seus pulôveres vermelhos, apareceram um dia no meu bairro para catalogar as velhas geladeiras americanas e os aparelhos de ar-condicionado soviéticos. Vinham investidos de plenos poderes e, certa madrugada, desembarcaram também nos postos de gasolina numa operação para acabar com a venda ilegal de combustível. Eram jovens que não tinham podido entrar na universidade e um plano – gestado nas mais altas instâncias – converteu a todos numa tropa disposta a qualquer serviço, sob a promessa de uma vaga no ensino superior. Receberam uma muda de roupa e começaram a deslocar-se por todo o país nos recém-comprados ônibus chineses, cintilantes e imponentes. Sua autoridade para chegar em qualquer lugar de trabalho e pedir explicações, fazer auditorias e até substituir empregados lhes custou o inquietante apelido de "os meninos do Comandante".

Alguns desistiram do compromisso de dez anos que tinham firmado e, para esses, a saída foi difícil e a mancha no currículo incontestável. Tanto trocavam lâmpadas nas ruas de Caracas quanto controlavam as vendedoras de uma loja em pesos conversíveis. Eram os novos olhos do poder entre nós e, no entanto, pertenciam à geração mais afetada pelo Período Especial, pela dualidade monetária e pelo desgaste do mito. De modo que se tornou usual vê-los alternar a ousadia com a obediência e as palavras de ordem com as de tédio. Seu esplendor durou tão pouco quanto a mescla das calças que lhes deram quando começaram no ofício.

Hoje, mal se ouve falar deles. Embora não tenha havido nenhum anúncio de que os trabalhadores sociais foram desligados, parece que ao menos ficaram sem ter muito o que fazer. Não há mais panelas elétricas para distribuir, nem pesquisas de opinião pública para aplicar e parece que não é possível continuar mantendo a enorme infraestrutura material de hotéis, refeições e ônibus que dava apoio ao seu trabalho. Poucas vezes cruzo com algum na rua, mas os que vejo não têm mais aquele ar de arrogância nem exibem a pose de antes, quando pertenciam a um grupo de elite.

Yoani Sánchez

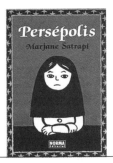

Persépolis

Quando menina, eu gostava dos livros com "figurinhas" e minha atração por textos acompanhados de imagens ficou até hoje. E o meu prazer é maior quando encontro uma história bem escrita, com ilustrações feitas pelo próprio autor. Foi justamente essa combinação que me cativou em *Persépolis*, o livro da iraniana Marjane Satrapi. Adentrei suas primeiras páginas para evocar meus tempos de leitora de revistas em quadrinhos, mas não calculei que essa visão do Irã me causaria tanto impacto.

Como tudo chega com muito atraso em minha Ilha, primeiro eu soube da maré verde em Teerã e depois pude tomar contato com a história dessa mulher crescida em meio à intolerância e às proibições. A Marjane criança não para de fazer perguntas a si mesma, tal como acontece comigo há mais de vinte anos. Se não fosse pelo véu negro sobre o cabelo e a presença constante da religião, pensaria que *Persépolis* conta a história da Cuba onde eu tenho vivido. Especialmente no que se refere à tensão, à constante menção do inimigo externo e à hagiografia em torno dos caídos.

Mostrei a Teo algumas páginas do livro e ele manteve o olhar fixo no quadrinho em que Marjane reflete sobre um cartaz com mensagens políticas. A frase dizia que "Morrer como mártir é injetar sangue nas veias da sociedade" e a menina imaginou um corpo que gritava, durante uma transfusão para a insaciável Nação. Meu filho, que não fica atrás no quesito de questionar tudo, encontrou semelhanças com a palavra de ordem "Estamos dispostos a derramar até a última gota de nosso sangue", tão repetida por estas bandas. Não pude conter minha imaginação gráfica e visualizei um cubano que gotejava sobre o solo pátrio, depois de ser espremido ao máximo.

Claudia Cadelo, Lia Villares e eu numa jornada blogueira

Claudia e o tema recorrente da coragem

A blogueira de *Octavo Cerco* faz 26 anos hoje.

A segunda vez que encontrei Claudia Cadelo segurávamos – cada uma por uma ponta – um pedaço de lençol com o nome de Gorki. Foi um concerto na Tribuna Anti-imperialista, quando fizemos coro pela liberação do cantor da banda *Porno para Ricardo*. Nossos gritos foram ouvidos curtos e abafados, devido aos golpes que nos davam e aos enormes alto-falantes que difundiam a imperturbável voz de Pablo Milanés. Aquela garota que estava ao meu lado criaria – pouco tempo depois – um blog honesto e desinibido, que hoje conta com muitos seguidores dentro e fora de Cuba.

O que mais me atrai em Claudia é que ela admite sentir medo, confessa ter sobressaltos quando ouve um ruído e que respeita o braço enorme dos seguranças. Quem não? Num país onde tantos foram exibidos como heróis, declarar-se medroso de antemão é algo sincero demais para ser aceito. Há uma ideia equivocada de que a coragem tem dragonas, anos de cárcere, cicatrizes, e não o rosto delicado de uma mulher tranquila, em quem não há rancor e sim perguntas. Essa blogueira frágil, com seu temor, desmente todo dia esses estereótipos.

Hoje vamos comemorar o aniversário de Claudia aqui em casa. Com jornada blogueira, debates, algum documentário e também um pouquinho de rum. Farei um brinde a essa garota que escreve suas opiniões, essas verdades que muitos varões maduros e robustos só se atrevem a sussurrar no ouvido de suas esposas.

O diploma deste curso

O diploma do curso anterior

Algo se consegue

Lembram do diploma da sétima série do meu filho Teo? Pois hoje ele chegou com outro – de um curso recém-concluído – que traz estampado o rosto de José Martí. Não deixo de me perguntar se minhas críticas ao modelo do certificado anterior influíram ainda que minimamente – na substituição da imagem que acompanha a frase "A: _____ por ter concluído satisfatoriamente os estudos correspondentes à oitava série".

Casualidade ou intencionalidade, não importa, só sei que o *Maestro* está muito mais próximo do modelo que quero para o meu filho. Espero ver seu rosto, que aglutina e não exclui, também no próximo diploma.

Aprisionados na onda

Não consegui ver, durante a mostra de cinema alemão, o controvertido filme *La ola* (*A onda*). Entretanto, poucos dias depois aluguei uma cópia com legendas em espanhol através das redes alternativas de distribuição. Vimos em casa junto com vários amigos e a discussão persiste até hoje, pois há coincidências demais entre o que se conta no filme e nossas vidas para que possa ser visto como mera casualidade.

Muitos dos elementos que o filme mostra como típicos de uma autocracia não me surpreendem. Fui uma pioneirinha uniformizada[1] – e afinal me alegro, porque só tinha uma muda de roupa além da saia vermelha e da camisa branca da escola – e repetia todo dia um gesto que, se comparado ao braço ondulante de *La ola*, este parece uma brincadeira de crianças delicadas. Minha mão se esticava, com todos os dedos unidos em direção à têmpora, enquanto eu prometia vir a ser como um argentino que tinha morrido 15 anos antes. Aquela saudação militar era como uma arma apontada para minha cabeça, numa espécie de autoameaça que me obrigava a cumprir com o "Pioneiros pelo comunismo, seremos como o Che".

Eu também acreditei que tinha nascido em uma Ilha privilegiada, sob um sistema social superior, guiada pelo melhor dos líderes possíveis. Não eram "ários[2]" os que nos governavam, mas se autoproclamavam "revolucionários" e isso parecia ser um estágio mais evoluído – o degrau mais alto – do desenvolvimento humano. Aprendi a marchar, rastejei em aulas intermináveis de preparação militar e soube usar um AK antes de completar quinze anos. Enquanto isso, as palavras de ordem nacionalistas que gritávamos pretendiam ocultar o êxodo dos meus amiguinhos e a dependência que tínhamos do Leste.

Porém, nossa autocracia produziu resultados inesperados, muito distantes do fanatismo ou da adoração. Em vez de soldados de cenho franzido, engendrou apáticos, indiferentes, gente mascarada, balseiros, descrentes e jovens fascinados pelo material. Teve também sua corja de intolerantes – que formam as Brigadas de Resposta Rápida[3] –, mas o sentimento de pertencer a um projeto coletivo que seria uma lição para o mundo se esfumou como a falsa essência de um perfume barato. Não obstante, ficaram os autocratas: o professor Wenger continuou parado diante da classe, gritando e exigindo que nos levantássemos da cadeira uma vez depois da outra.

O nosso experimento não é daqueles que duram apenas uma semana, ou envolvem poucos alunos de uma sala de aula. Nossa atual condição é a de termos sido aprisionados na onda, engolidos e afogados por ela, sem nunca termos conseguido dar na praia.

---

[1] N.T.: Alusão ao Movimento de Pioneiros, que agrupa organizações juvenis relacionadas com os partidos comunistas. As crianças ingressam nessas organizações no início da escola primária e continuam nelas até a adolescência, momento em que podem se filiar à juventude do Partido propriamente dita. Em Cuba, os pioneiros têm como insígnia um lencinho azul ou vermelho para o ensino primário e um distintivo para o secundário.
[2] N.T.: Arianos.
[3] N.T.: Forças integradas por civis defensores do governo de Fidel Castro, que costumam intervir em lugar da polícia para impedir qualquer ação tida como contrarrevolucionária.

Yoani Sánchez

A Colmeia / Masa Bengue

Inominável

Estou com uma picada avermelhada na perna e ontem me levantei com todo o corpo dolorido. A primeira coisa que pensei é que tinha contraído a dengue, que ressurgiu – como em todos os últimos verões – nos bairros da minha cidade. Por sorte não tive febre, e então antes do fim da manhã descartei que estivesse com o vírus, também conhecido como "quebra-ossos". Seja como for, não posso garantir que me livrei dele, pois muito perto de onde vivo há vários casos e nesses dias chuvosos o número de mosquitos aumenta.

O que mais chama atenção na presença dessa doença entre nós é a recusa oficial de informar o número de pessoas afetadas ou de mencionar a palavra "dengue" nos meios de comunicação. Se você for ao hospital com todos os sintomas, receberá um tratamento durante o qual as seis letras que formam a maldita palavra não são pronunciadas. Na televisão, passam anúncios de como neutralizar o *Aedes aegypti*, mas ninguém esclarece que tudo isso se deve à existência da dengue entre nós. Sem estatísticas nem dados, nós cidadãos calculamos o número de infectados a partir dos rumores que nos chegam de amigos e conhecidos. Cresce o alarme, pois sempre se pode suspeitar que há uma incidência maior que aquela que chegou até nossos ouvidos.

De Cuba, com carinho

O silêncio em torno da dengue responde à permanente intenção de não declarar nada que prejudique a imagem do país. Dizer que em nosso "paraíso" tropical a doença já se tornou endêmica de tanto se repetir e que os turistas deveriam ser avisados de seus surtos excede os arroubos de honestidade que se permitem nossas autoridades. Entretanto, não a reconhecer não diminui a febre nem alivia a preocupação dos doentes e seus familiares. Muito pelo contrário. Podem dar nome à dengue ou camuflá-la com verborragias como "febre, dores nas articulações e erupção na pele", porém isso não afasta o risco; não nos ajuda a esquecer que, ao chegarem os meses de julho e agosto, ela será uma presença inseparável em nossas vidas.

Parque de diversões em Gibara

Pluriemprego e monossalário

De tanto passar a vida desejando o doce que você vê na vitrine, quando recebe o convite para servir-se à vontade você já perdeu o apetite. O pluriemprego[1] deixou de ser uma demanda popular entre nós depois de muitos anos, já que o dávamos como impossível. Sua autorização chegou num momento em que é difícil determinar se é um avanço ou um gesto de desespero.

De todo o texto da Nota Oficial publicada no *Granma*, uma grata surpresa pra mim foi a permissão para que os estudantes de nível médio e superior possam procurar emprego e conservar, ao mesmo tempo, seus vínculos docentes. Cinco anos sem poder trabalhar e ganhar um salário faziam com que muitos desistissem de entrar na universidade, por não ter uma família capaz de custear roupa, alimentação e transporte durante o período de estudos. Sei muito bem do que falo, pois enquanto estudava Letras – e sendo já mãe – trabalhava ilegalmente como guia turística para sobreviver. Só assim pude chegar a obter um título que guardo na última gaveta do armário. Conheço muitos que até ontem deviam fazer o mesmo, pressionados por razões econômicas a burlar as leis ou abandonar os estudos.

Entretanto, a aprovação do pluriemprego chegou tarde – ainda assim, que seja bem-vinda – e tem como principal obstáculo os baixos salários. Ter dois empregos não significará viver melhor em dobro, nem sequer com um quarto a mais de conforto. O que um padeiro conseguir ganhar exercendo também um trabalho diurno como segurança não fará sua família desistir do mercado negro, do desvio de recursos ou da emigração. O problema não está na permissão para ter vários empregos, e sim nos produtos que se pode comprar com a desvalorizada moeda nacional. Os dias teriam que ter umas trezentas horas, pois só assim o pluriemprego nos proveria do necessário para viver.

[1] N.T.: Modificação na lei trabalhista de Cuba que autoriza os cubanos a terem mais de um emprego, aprovada pelo governo de Raúl Castro em 28/6/2009.

De Cuba, com carinho

A democracia é como esta planta que cresce entre o concreto e as grades: frágil e fácil de arrancar

De gorilas e caudilhos

Nove anos se passaram desde que escrevi as últimas linhas de uma tese sobre a figura do ditador na literatura latino-americana. Embora meu estudo mostrasse a existência, ainda, de vários caudilhos que serviam de excelentes referências para escrever romances, no fundo eu acreditava que se tratava de criaturas em extinção. Pouco tempo depois, comecei a desconfiar se os tiranos não estariam em incubação para voltar a brotar em nossas terras americanas. De uns tempos pra cá já não me restam dúvidas: os ditadores – ou aspirantes a sê-lo – estão mais presentes do que nunca, ainda que agora vistam jeans, *guayaberas*[1] ou camisas vermelhas.

Tampouco está extinto o outro perigo: o militar que faz justiça com as próprias mãos; o uniformizado que impõe sua vontade pelas armas. Continuamos nos atirando nos braços de uns e de outros porque uma tradição de personalismos e demagogos não se erradica tão facilmente. Em Honduras, agora mesmo, toda uma nação pode entregar-se à espinhosa proteção dos soldados ou hipnotizar-se diante do retorno "triunfal" – no estilo Chávez – de quem foi deposto por um golpe. Desse dilema, poucas vezes nós cidadãos saímos ilesos.

Não gosto de golpes militares, nem de presidentes que tentam se reeleger infinitamente. Desconfio tanto de quem desce uma montanha empunhando armas, quanto do eleito nas urnas que administra seu país como uma fazenda, como se tratasse da velha propriedade rural da família. Daí a minha preocupação com Honduras. Temo que o ocorrido prepare o caminho para o surgimento de outra figura investida de plenos poderes. Cuidado! Na imensa gama de sátrapas que existe, a pior combinação é quando coincidem – numa mesma pessoa – as figuras do caudilho e do gorila armado.

[1] N.T.: Camisa típica da zona caribenha, de tecido leve (linho ou algodão) e normalmente de mangas longas, com quatro bolsos e três fileiras de pregas na frente e nas costas.

Dizer "não"

Um apresentador de televisão virou nome de um enfeite divertido, em forma de cachorro, que se coloca no interior dos carros. Concordar o tempo todo lhe valeu a comparação com os bichinhos de pelúcia que mexem a cabeça a cada solavanco da carroceria, enquanto simulam dizer "sim". O referido senhor sempre ratifica o que dizem seus chefes, daí que seu pescoço vira uma mola quando ele apresenta um dos programas de menor audiência da televisão cubana.

Uma amiga mexicana me deu de presente uma tartaruga de papel machê que diz "não", que me faz lembrar as negativas que nós cidadãos nunca pudemos expressar em público. No ritmo desse simpático quelônio, eu queria ressaltar tudo aquilo que desaprovo, mas que não me permitem decidir com uma cédula de voto. Mexer a cabeça para os lados quando não se está de acordo implica uma quota maior de coragem do que afirmar ou consentir o tempo todo. A ginástica de dizer "sim" custou excessivas perdas à minha geração, que arca com as consequências dos assentimentos e acordos que nossos pais fizeram.

Poderíamos começar por dizer "não" ao centralismo, à burocracia, ao culto à personalidade, às proibições absurdas e à gerontocracia. Como um ventilador que vai da direita para a esquerda, assim eu me moveria se alguém me consultasse sobre a gestão do atual governo. "Não" é a primeira palavra que me vem à mente quando me perguntam se a Cuba de hoje se parece com a que me prometeram quando era menina. Minha desaprovação não será transmitida pela televisão, nem merecerá tapas nas costas complacentes de algum chefe, mas ao menos não é automática como o "sim" do cachorrinho de plástico que aparece por trás do para-brisa.

A extinção do Panda

O último eletrodoméstico distribuído através do sistema de méritos foi um televisor chinês marca Panda. No meu prédio houve uma reunião para entregar dez aparelhos novos num condomínio que excede trezentas pessoas. Alguns moradores estiveram a ponto de sair no braço durante a discussão para conseguir o aparelho, pelo qual deveriam pagar quatro mil pesos cubanos. Entre os que levaram para casa o monitor em cores, estavam – por coincidência – os mais combativos e intransigentes ideologicamente.

Aqueles que não conseguiram pegar o escorregadio Panda se conformaram pensando que haveria uma segunda rodada na qual teriam mais chances. Porém, do gigante asiático não chegaram novas televisões para alimentar a meritocracia, nem sequer vieram as peças de reposição para consertar as já existentes. Montar a guarda no CDR[1] ou rebater as críticas perdeu a graça, pois não parece que a recompensa será a doação de uma máquina de lavar, uma linha telefônica ou um rádio portátil.

Os que ficaram com a última leva de eletrodomésticos distribuídos, digamos que tampouco estão muito felizes. Boa parte não pode honrar os prazos de pagamento, pois com a compra do Panda tiveram que assumir prestações mensais que excedem um terço do seu salário. Conheço uma velhinha, por exemplo, que comprou o disputado televisor porque tinha a certeza de que ia morrer antes de terminar de pagá-lo.

Entre os que acreditaram ter recebido um prêmio, afloram hoje as preocupações pela enorme dívida monetária contraída com o Estado. Foram aqueles que se julgaram beneficiários de um privilégio, sem perceber que eram apenas tributários de um erro. O mecanismo que os favoreceu na ocasião é o mesmo que nos impede hoje de comprar um eletrodoméstico sem mostrar moeda conversível ou sem contar com determinada trajetória política.

[1] N.T.: Comitê de Defesa da Revolução.

De Cuba, com carinho

Masa Bengue

Ninguém escuta

Passamos de um extremo ao outro. Há três anos tínhamos um presidente que falava horas a fio diante dos microfones, e agora temos outro que não nos dirige a palavra. Confesso que prefiro o estilo discreto, porém estão pendentes uma série de explicações que urge dar, em vista de tanto descontentamento. Alguém tem que parar e dizer por que fracassou a reforma salarial, a razão que levou a minimizar a importância da tão necessária distribuição de terras e os motivos que impediram a diminuição da diferença cambial entre o peso cubano e a moeda conversível.

Um rosto tem que aparecer para nos prestar contas de como ficou o fim da permissão para viajar ao exterior, do que aconteceu com a repetida diretriz de diminuir importações ou que rumo tomou o bendito aperfeiçoamento empresarial. A mesma voz que em 2007 declarou que "quem nos dera houvesse um copo de leite ao alcance de todos" deve revelar-nos por que se tornou tão difícil colocar o precioso líquido na boca de nossos filhos. Esse homem que fez renascer as ilusões entre muitos de meus compatriotas deve se pronunciar agora e confessar seu fracasso ou, pelo menos, contar-nos suas limitações.

Espero que me esclareça por que não foi aceita a proposta de Obama para que empresas de telecomunicações americanas disponibilizassem a internet para os cubanos. Exijo, como muitos à minha volta, uma argumentação convincente de por que não entramos na OEA ou as razões para não aplicar, ainda, o disposto no Pacto Internacional de Direitos Econômicos, Sociais e Culturais e o Pacto Internacional de Direitos Civis e Políticos.

A lista das perguntas sem resposta são muitas e esquivar-se de tantos questionamentos não vai resolver os problemas. Por favor, que alguém – com respostas – dê as caras imediatamente.

Caletone ou as vítimas do próximo furacão

Os flagelados pelo último furacão deixaram de ser notícia para se converter apenas em números nas estatísticas dos que perderam suas casas. Os políticos já não viajam para as zonas afetadas para tirar fotos ao lado das vítimas e os materiais de construção se perdem na engrenagem da burocracia. Algumas poucas localidades tiveram a sorte de ser a vitrine da reconstrução, enquanto outras – pequenas e desconhecidas – continuam exibindo suas casas devastadas.

Perto de Cienfuegos, uma família de desabrigados desconfia que o cimento e a areia destinados a levantar suas paredes foram parar nas mãos de outros que puderam pagar mais. À periferia de Havana chegam – para construir suas casas de lata e papelão – aqueles que cansaram de esperar que se reerguessem seus lugares de origem. Não querem ser as vítimas do próximo ciclone, porque esses desastres naturais que foram Ike e Gustav apenas lançaram luz sobre o outro, o desastre de improdutividade e inércia que afeta a todos nós.

Em breve vai fazer um ano que milhares de casas passaram a ter o céu como teto. Caletone, uma localidade próxima a Gibara, que não aparece nem sequer no Atlas de Cuba, continua sumida na destruição. Seus habitantes sabem que, com a atual crise econômica, seria um milagre se os recursos necessários chegassem a suas mãos. Caíram nessa terra de ninguém causada pelo esquecimento, pelo triunfalismo da imprensa e pelos ventos – nem um pouco tempestuosos – da espera.

Masa Bengue

Lâmpadas recarregáveis

Um verão incerto nos aguarda, para o qual anunciam cortes de energia e aumento de preços e até preveem um surto migratório. No entanto, muitos cubanos, ante o dilema de resolver seus problemas cotidianos ou tentar mudar alguma coisa, preferem se concentrar na sobrevivência pessoal. Procuram a saída no interior das fronteiras nacionais, burlando as leis ou – o que dá no mesmo – cometendo delitos. Não são apenas aqueles que na calada da noite entram pela janela de um armazém, ou os que roubam a mochila de um turista ingênuo, mas também o lojista que frauda as faturas ou o vigia que viola o selo do contêiner que deve proteger. Existe uma maneira de infringir as leis, socialmente aceita, que consiste em roubar do Estado. Dentro dela se move o garçom que aumenta os preços ou introduz no restaurante gêneros adquiridos por conta própria para vendê-los como se fossem "da casa" e o comerciante que altera a lista de consumidores do mercado racionado para ficar com as mercadorias que sobram.

A linha de ilegalidade também é cruzada pelo recepcionista de hotel que – em conluio com o gerente – reserva um quarto que nunca registra, pelo taxista que faz uma corrida sem ligar o taxímetro ou pelo torneiro que fabrica uma peça "por fora" de seu plano de produção. O fiscal aduaneiro deixa passar objetos proibidos, o policial não aplica uma multa, a funcionária do instituto de moradia acelera um trâmite, o professor arredonda uma nota e o inspetor faz vistas grossas às infrações que deve autuar.

Com os ganhos provenientes dessas "maracutaias", reforçam as paredes da bolha que os protege dos discursos, mas que também os dissuade de protestar publicamente. O fruto de tantas ilegalidades vai parar no balcão das lojas que vendem em moeda estrangeira e se materializa na lâmpada recarregável que neste verão iluminará algumas casas. Enquanto isso, lá fora, pouco importa se existe apagão.

Tomando nota

O que está acontecendo no Irã e sua difusão através da internet é uma lição para os blogueiros cubanos. Os autoritários do pátio também devem estar tomando nota de como são perigosos – nesses casos – o Twitter, o Facebook e os telefones celulares. Ao ver esses jovens iranianos utilizando toda a tecnologia para denunciar as injustiças, percebo tudo o que poderíamos fazer, nós que mantemos um blog na Ilha. A prova de fogo da nossa incipiente comunidade virtual ainda não chegou, mas talvez nos surpreenda amanhã... com o agravante da pouca conectividade.

Nas jornadas blogueiras, que fazemos toda semana, vimos um vídeo curto sobre os cibernautas iranianos. Hoje voltei a assisti-lo, como alternativa a essas imagens das manifestações que nossa televisão oficial se nega a exibir. Não contemplei os rostos pintados de verde, nem ouvi nenhum locutor falar dos sete mortos, mas com esse curta-metragem já posso imaginar tudo. Visualizo toda uma geração cansada de velhas estruturas e desejosa de mudanças, gente – como eu – que deixou de acreditar em líderes iluminados que nos guiam como se fôssemos um rebanho. Em meio a tudo isso estão – para nossa satisfação – os bytes e as telas modificando as formas de protesto.

Em dias como este lamento muito não poder estar on-line, e me sufoca a insuportável condição de ficar a par de todas as notícias com atraso. Se ainda há tempo para prestar minha solidariedade aos blogueiros iranianos, então aqui vai um post para dizer-lhes: "Hoje são vocês, amanhã bem que poderíamos ser nós".

Quixote se escreve com "K"

Uma notícia recente alegrou a uns e desagradou a outros: a ortografia voltará a ser levada em conta nas avaliações das escolas cubanas. O reinado das proparoxítonas sem acento e dos "s" trocados por "c" está com os dias contados, conforme a televisão anunciou há algumas semanas. Um aluno poderá ser reprovado num exame e até repetir de ano se não dominar as regras de ortografia desta língua bonita e complexa que é o espanhol. Nós linguistas, como era de esperar, estamos sendo pomposamente homenageados.

Eu já tinha me acostumado a decifrar palavras raras compostas segundo o gosto pessoal de cada um. Até nas lousas, escritos pelos próprios professores, apareciam esses vocábulos de um novo idioma que não se atinha a regras ou a normas. Nem sequer meu desapego fonético, ao qual sempre pareceu desnecessário o "h", podia ficar tranquilo diante de palavras de cinco letras que continham quatro erros. Não estou exagerando, pois uma vez revisei uma prova de história na qual alguém escreveu "seveu" no lugar de "civil". É claro, nesse caso até dá pra entender, pois o conceito é pouco conhecido nesta sociedade onde nós cidadãos somos considerados soldados e não seres com direitos.

Contudo, meu maior susto foi no dia em que fiz um ditado para os bem-humorados estudantes de uma escola secundária na rua Zanja. Tive a ideia de acrescentar à lista de palavras o título do maior clássico das letras hispânicas. Era um modo de recordar com eles a figura de Cervantes e de não sobrecarregar a prova com palavras complicadas como "escassez" ou "proposição". O certo é que ao dar uma olhada no material que resultou daquela atividade, encontrei pelo menos alguns alunos que tinham escrito "Quixote" com "k". Não podia acreditar que alguém pudesse usar uma letra tão pouco frequente nos dicionários de espanhol para escrever o símbolo de nossa hispanidade.

Desde esse dia, compreendi que a ortografia é a expressão de uma cultura geral, que tem por base a leitura e os livros. Como exigir deles que usassem as consoantes adequadas se nem sequer sabiam o significado ou a história de certas palavras? Isso também foi intuído pelos funcionários do Ministério da Educação, que optaram por reduzir o peso da ortografia nas avaliações. Daí que Sancho passou a chamar-se "Sanxo" e Rocinante... bem... quem ousa dizer em que se transformou Rocinante?

Coisas em comum

Hilda Molina e eu compartilhamos alguns "privilégios": ambas fomos citadas no prólogo do livro *Fidel, Bolivia y algo más* e às duas foi negada – em várias ocasiões – a permissão para sair de Cuba. No caso dela, a imigração justificava a negativa com seu passado como cientista. Espalhavam rumores de que possuía informação confidencial que não devia circular fora de nossas fronteiras. Muitos suspeitávamos, no entanto, que esse não era o real motivo para mantê-la aqui, e sim o capricho de um homem que exigia sua reclusão forçada.

Meu "crime" está situado no futuro, nessa porção do amanhã onde nem o conhecido autor do prólogo nem as restrições para sair da Ilha existirão mais. Minha proibição não decorre do que fiz, e sim do que poderia fazer; a "culpa" recai sobre essa cidadã que ainda não sou, mas que está sendo gerada neste blog. De qualquer forma, o castigo foi o mesmo para ambas, porque um sistema baseado nos limites, nos controles e nas clausuras, só sabe penalizar com o confinamento. Para Hilda, essa sanção acaba de terminar, muito embora um prisioneiro nunca volte a dormir tranquilo ante o temor de retornar à cela.

Estou feliz por ela e por sua família, porém atormentada pela existência daqueles que decidem quem sai e quem entra em Cuba. Lamento que a volta de alguém ao convívio da família dependa de uma negociação interminável entre partidos, governos e presidentes. Vejo uma mulher envelhecida que finalmente poderá conhecer os netos e a quem ninguém ressarcirá por tantos anos de solidão e angústia. Só me resta sugerir-lhe que não guarde rancor de seus carcereiros, pois eles hoje são prisioneiros do seu poder, do seu medo e da inevitável proximidade do seu fim.

Outra geração que aguarda

Tenho 33 anos e dois fios de cabelos brancos. Passei pelo menos metade da minha vida desejando uma mudança na minha Ilha. No verão de 1990, eu ia espiar da janela de minha casa na rua Lealtad esquina com Lagunas, sempre que o alvoroço das pessoas me fazia pensar numa revolta. Dali vi passarem as balsas carregadas nos ombros em direção ao mar e percebi os caminhões da polícia que controlavam o inconformismo. As caras ansiosas de meus familiares pressagiavam que logo a situação melhoraria, mas em vez disso os problemas se tornaram crônicos e as soluções foram proteladas. Depois veio meu filho e, entre apagões e frases do tipo "não se desespere", compreendi que só ia acontecer o que pudéssemos desencadear nós mesmos.

Este junho começou bem parecido ao daqueles anos obscuros do Período Especial.[1] Intranquilidade, cortes de energia em alguns bairros e uma sensação generalizada de que estamos indo ladeira abaixo. Não sou mais aquela adolescente medrosa e passiva, que ouviu tantas vezes dos pais "vai deitar, Yoani, hoje não temos nada pra comer". Não estou disposta a aceitar outro período de palavras de ordem e pratos vazios, de cidade paralisada por falta de combustível e líderes irredutíveis com suas geladeiras cheias. Também não penso em ir a parte alguma, de maneira que o mar não será no meu caso a solução para este novo ciclo de calamidades que se inicia.

A semente inquieta de Teo logo fecundará uma mulher, para dar vez a outra geração que aguarda. E me nego a acreditar que serão adultos olhando pela janela à espera de que algo aconteça; cubanos cheios de sonhos postergados.

[1] N.T.: Período de grave crise econômica que teve início em 1991, após o colapso da União Soviética, estendendo-se por quase toda a década. Sem o auxílio econômico do bloco socialista, o país teve que lidar com a escassez de petróleo e alimentos.

Obra exposta numa galeria de Havana

Medalhistas de vermelho

Existe entre nós um esporte praticado com frequência, mas cujas estatísticas e incidências não são mencionadas em lugar algum. Trata-se da modalidade esportiva de devolver a carteira do Partido Comunista, para a qual muitos de meus compatriotas vêm se preparando durante anos. O mais importante é treinar os sentidos para encontrar o momento adequado de levantar-se na assembleia e dizer "companheiros, por motivos de saúde não posso continuar arcando com a tarefa que vocês me confiaram". Há quem alegue ter uma mãe doente – de quem terá que cuidar – e outros manifestam sua intenção de se aposentar para tomar conta dos netos. Poucos dos testemunhos dos que encerraram a militância contêm a confissão honesta de terem deixado de acreditar nos preceitos e princípios que o Partido impõe.

Conheço um que encontrou um modo original de escapar das reuniões, das votações unânimes, dos chamamentos à intransigência e das frequentes mobilizações do pcc. Como um boxeador, treinado para aguentar até que soe a campainha, compareceu ao que seria seu último encontro com o núcleo partidário de seu local de trabalho. Surpreendeu a todos pelo argumento inusitado, um verdadeiro swing de esquerda que ninguém esperava. "Todo dia compro no mercado negro para alimentar minha família e isso um membro do Partido Comunista não deve fazer. Como devo escolher entre colocar alguma coisa no prato dos meus ou acatar a disciplina desta organização, prefiro renunciar". Todos na mesa se entreolharam incrédulos, "mas Ricardo, o que é que você está dizendo? Aqui a maioria compra no mercado negro". O "golpe" que vinha ensaiando encerrou com chave de ouro o breve assalto: "Ah... então eu vou embora, pois não quero pertencer a um partido de dissimulados, que dizem uma coisa e fazem outra".

O livrinho vermelho, com seu nome e sobrenome, ficou sobre a mesa à qual nunca mais voltou a sentar-se. A medalha de campeão, quem lhe deu foi a própria mulher quando chegou em casa. "Finalmente se livrou do Partido", disse ela, enquanto lhe sapecava um beijo e lhe passava a toalha.

Portas que se abrem, grades que se fecham

Nenhum dos presidentes que aprovou ontem a reintegração de nossa Ilha à OEA ocupava cargos públicos em 1962, quando se votou pela expulsão do governo cubano desse organismo. No entanto, a revogação daquela resolução encontrou hoje no poder os mesmos que na ocasião regiam o destino de meus pais e de meus avós. A população cubana é que mudou muito nesse meio tempo: uns morreram, outros emigraram, nos compatriotas da minha geração com seu exótico Y começaram a aparecer os primeiros cabelos brancos, mas na tribuna o mesmo sobrenome continuou até agora aferrado ao microfone.

A decisão da OEA coloca nossos decanos na presidência ante um dilema que quase sempre solucionam mal. Compelidos a escolher entre a beligerância e a harmonia, esta última os queima como sal sobre a pele e os afoga como água nos pulmões. Foram forjados na lógica do enfrentamento, daí que uma possível cadeira na Organização dos Estados Americanos lhes pareça mais perigosa que a barricada na qual se sentem tão à vontade. Sabem que ao sentar-se nela estariam inseridos numa comunidade regional que os apoiaria, mas também lhes exigiria aberturas no país.

Daí que o anúncio da quarta-feira passada me parece outra mão que se estende, uma nova porta que se abre apenas para deixar clara a falta de vontade de aceitá-la que têm os governantes cubanos. O desejo de João Paulo II de que "Cuba se abra para o mundo, o mundo se abra para Cuba" estaria a ponto de realizarse, se não fosse pela primeira parte da frase; parece que por aí não vai se avançar. Quem conduz o leme do meu país prefere aquela pegajosa palavra de ordem "Com a OEA ou sem a OEA, venceremos a luta" que tanto se gritou nos anos 1960. No entanto, ninguém mais vê batalha em parte alguma, o inimigo se desvanece e a vitória... ai, a vitória... ficou reduzida a se manterem todo este tempo no poder.

O que a Polônia nos legou

Eu tinha apenas 14 anos e tudo acontecia muito rápido à minha volta. A escassez material se tornava crítica e nas bancas de minha cidade já era difícil encontrar as revistas de muitas cores e poucas verdades que vinham da URSS. Tínhamos visto o show televisivo do julgamento de Ochoa[1] e meus pais perderam as ilusões ao ver como a justiça se dobrava diante dos uniformes verde-oliva.

Bem nessa época nos chegaram notícias do que ocorria na Polônia. Não entendíamos nada, pois até então o bloco socialista europeu parecia – entre nós – algo concebido para a eternidade. Uma prima distante nos confessou sua apreensão depois de uma curta temporada em Moscou, mas continuávamos acreditando que o Camecom, o Pacto de Varsóvia e as máquinas de escrever Robotron sobreviveriam a todos nós.

A palavra "solidariedade" subitamente tinha virado moda e na minha cidade várias escolas continuavam se chamando República Popular da Polônia. Embora meu professor de marxismo-leninismo se empenhasse em idealizar o Leste, algo quebrou dentro dele quando soube o que acontecia nas ruas de Varsóvia. Se a invasão da Tchecoslováquia em 1968 tinha sido difícil de justificar pelos nossos governantes, a rebeldia da "classe operária polonesa" deixou mais de um sem resposta.

Cresci, tive um filho e a ele também coube repetir a palavra de ordem "Pioneiros pelo comunismo, seremos como o Che". Hoje tem a mesma idade que eu naquele tumultuado 1989, quando comecei a ter dúvidas e compreendi que tudo o que tinham me inculcado talvez não fosse verdade.

[1] N.T.: General Arnaldo Ochoa, condenado por desvio de dinheiro e envolvimento com o narcotráfico colombiano. Foi executado em 13/7/1989.

A vantagem de uma merenda

Quero fazer uma ode em louvor à merenda diária que recebem os guardas e vigilantes de certos centros estatais. O pãozinho com presunto e queijo, junto com o refrigerante que o acompanha, são o motivo pelo qual milhares de cubanos continuam nos seus empregos. Sem os ganhos provenientes da venda desse lanche, muitos teriam abandonado definitivamente seus postos de trabalho. Inclusive, uma das primeiras perguntas quando se está procurando emprego não é sobre o valor do salário – igualmente simbólico e insuficiente em qualquer parte –, e sim sobre a existência ou não de um lanche. Vendê-lo por vinte pesos cubanos permite ao trabalhador duplicar seus proventos, ainda que isso implique abrir mão de tão necessário alimento.

Em todo lugar, exibidos discretamente porém fáceis de encontrar por quem procura, estão a garrafa de Tropi Cola e o sanduichinho embrulhado em celofane. Podem ser vistos na entrada das centrais telefônicas, atrás das portas de vidro dos bancos, nas guaritas que protegem a entrada dos ministérios, nos pontos de venda de bilhetes de ônibus, no interior dos museus e até nos cibercafés que oferecem conexão lenta a preços elevados. Em todos os lugares que precisam ser vigiados, escoltados, protegidos, há alguém que se vê obrigado a vender o lanche para continuar em guarda. Umas fatias de presunto e outras de queijo podem fazer a diferença entre ir todo dia ao trabalho ou ficar em casa.

Yoani Sánchez

Apresentação de Zweiland, na sala García Lorca do Gran Teatro de Habana

Zweiland

Um palco dividido pelo muro de Berlim e, do lado – tão parecido com a Cuba atual –, um grupo de pessoas que luta para comprar, amar e sobreviver. Através da linguagem da dança contemporânea, nós havaneses pudemos recapitular a história dessas duas Alemanhas unidas "como gêmeos siameses e no entanto separadas". A Companhia Sasha Waltz & Guests esteve na sexta passada na Sala García Lorca do Grande Teatro de Havana e exibiu uma ousada coreografia em torno da estrutura de concreto que separou, por quase quarenta anos, uma nação.

O uso, por parte dos bailarinos, de frases de nosso cotidiano, contribuiu para a intensa comunicação que se estabeleceu com o público presente. No entanto, penso que a atmosfera desfigurada e tensa teria bastado para nos sentirmos identificados com o que ocorria em cena. Para mim soou familiar a teimosia das pessoas em levar a vida adiante apesar da cortina de ferro que as separava da outra parte. Sua tendência para esquecer a sombra ameaçadora e refugiar-se na intimidade, dedicar-se quase por inteiro à sobrevivência. Vinte anos depois da queda dessa fronteira arbitrária, nós cubanos continuamos desejando eliminar os impalpáveis limites que nos cercam.

Se ao menos nosso muro fosse assim: de pedra, cimento e arame farpado, poderíamos pegar o martelo e a picareta para derrubá-lo. Se fosse possível tocá-lo e dizer "aqui começa, aqui termina" tenho certeza de que já o teríamos posto no chão. Entretanto, essa barreira que nos separa de tantas coisas é – no nosso caso – intangível e reforçada pelo mar. Se por um momento esse muro de controles e proibições que nos rodeia se materializasse, eu teria o maior prazer de pintar nele um imenso grafite. Usaria uma escada para ver o outro lado – tal e como fizeram os bailarinos na noite de sexta – ou tentaria cavar um túnel em seus duros alicerces. Se nada disso funcionasse, deixaria em sua fria base uma poça de urina abundante e desafiadora.

Um mensageiro que se vai

Siempre que lucha la KGB contra la CIA,
gana al final la policía.
Joaquín Sabina

Não é a primeira vez que escuto que o MSN *Messenger* está bloqueado para os usuários cubanos. Há quase três anos uma amiga me introduziu furtivamente no escritório onde trabalhava para que eu pudesse acessar a internet. Queria escrever um artigo e me faltavam alguns dados, então pedi que me deixasse usar por uns minutos o computador obsoleto de sua empresa. Era a época na qual eu fingia ser turista para ter acesso à rede nos hotéis e naquela semana não tinha os pesos conversíveis para pagar uma hora de conexão.

Minha amiga leu para mim a lista do que estava proibido nessa conexão institucional e acrescentou que o MSN não funcionava porque estava bloqueado havia meses. "Você não pode usar nenhum serviço de correio eletrônico que não seja local" e "nem pense em entrar no *El Nuevo Herald*[1]", disse ela arregalando os olhos. Quando indaguei acerca das limitações para fazer *chatting* usando o software da Microsoft, deixou claro que eu não devia utilizar nenhuma interface que os administradores de redes não pudessem controlar. O *Hotmail* estava proibido porque era praticamente impenetrável na hora de fazer a triagem da correspondência dos empregados. Pouco tempo depois, os serviços semelhantes do Yahoo e do Google seriam também não recomendados – pelas mesmas razões – nas conexões de centros educativos e de trabalho.

Agora a proibição vem do lado oposto, vem precisamente dos que criaram um programa que nos ajudava a escapar do controle. "Foi interditado o *Windows Live Messenger* IM para os usuários de países embargados pelos EUA", diz a nota que a Microsoft publicou anunciando o corte. Sinto que com isso nós cidadãos outra vez saímos perdendo, pois nossos governantes têm seus próprios canais para se comunicar com o resto do mundo. Isto é – claramente – um golpe nos internautas, nos "foragidos da rede", que são todos os que acessam a internet em Cuba. Certamente, na empresa de minha amiga, o censor que monitora as conexões deve estar exultante: a Microsoft acaba de fazer o trabalho dele.

[1] N.T.: Jornal publicado em Miami, com notícias em espanhol sobre Cuba e a América Latina.

Gravado no hipotálamo

Após cinco tentativas de saída ilegal, Carlos encontrou um caminho em que não há o perigo dos tubarões e da insolação. Vai embora de Cuba através de um dos poucos países que ainda não exige visto a meus compatriotas. Por essa mesma via, milhares de jovens saíram nos últimos meses, depois de perceberem que o anunciado processo de "mudanças" foi outra brincadeira de mau gosto do poder. Esse balseiro reincidente tem mais de trinta anos e passou pelo menos um terço da vida com os olhos postos no outro lado do mar. Se tudo correr bem, em dois meses estará vendo a Ilha de longe.

Todo ano me vejo na dolorosa condição de refazer meu círculo de amizades, pois no dizer de Wendy Guerra "todos se vão". Inclusive aqueles que tinham planos de envelhecer nesta terra ou possuíam meios econômicos que lhes permitiam viver confortavelmente. Até um amigo que parecia ter – como eu – a intenção de acender o Morro[1] quando todos se fossem e o deixassem apagado, disse que ia partir. Esteve ontem aqui em casa, e num sussurro, disse – como quem teme que o apartamento esteja infestado de microfones – "não aguento mais". Essa frase, de tanto ouvi-la, acabou se convertendo num lugar-comum nas nossas conversas.

Um outro que está indo embora tem um bom apartamento, um trabalho que lhe traz ganhos significativos e uma vida pública intensa. Tomou a decisão de emigrar por motivos muito diferentes dos de Carlos, mas ambos estão de acordo em não querer que seus filhos nasçam em Cuba. Enquanto um vive na casa em ruínas da avó, o outro dorme toda noite com o ar-condicionado a menos de vinte graus. Eles têm condições de vida tão diferentes e aspirações tão díspares que só me resta pensar que o imperativo de emigrar nos vem do hipotálamo. É como um estímulo que vem de dentro, um chamado do instinto de conservação que nos diz: "salva os teus, leva-os daqui".

* N.T.: Farol de Havana, com vista para Havana Velha e o Malecón, instalado numa elevação onde se localiza um complexo histórico-militar.

Masa Bengue

Gênero de filme

Um dia meu pai chegou em casa pálido e trêmulo. Tinha acabado de ver um vídeo – exclusivo para militantes do Partido

Comunista – no qual se anunciavam os cortes que traria o Período Especial. Sentados à mesa da cozinha, nós o ouvimos contar que o aperto poderia chegar até a temida Opção Zero, na qual um sopão comunitário daria conta de alimentar todos os moradores da quadra. O documentário que meu pai viu naquela noite era destinado apenas às pessoas "testadas" ideologicamente. Daí que minha irmã, minha mãe e eu tivemos que nos conformar com a narração aterrorizante que ele fez.

Somente uma "elite revolucionária" parece ter o direito de informar-se acerca dessas questões que dizem respeito a todos os cidadãos. Pensei que tão seletiva prática tinha ficado para trás, junto com outras que eram tão habituais nos anos 1970 e 1980. No entanto, há duas semanas outro vídeo passou a fazer parte da programação desse cinema de segredo e de acobertamento. O tema desse novo filme é a defenestração de Carlos Lage e Felipe Pérez Roque, os mais recentes caçulas devorados pelo poder. Eles não são os heróis da trama, e sim as vítimas, os bodes expiatórios de algo que mais parece uma tragédia grega do que um *thriller* de ação.

Todos cochicham sobre as cenas em que os dois ex-funcionários dizem disparates da geração no poder, mas não vazou – ainda – uma cópia desse vídeo tão bem guardado. Dessa vez, foi diferente do que aconteceu com a filmagem do ocorrido entre Eliécer Ávila e Ricardo Alarcón, ou com as imagens da performance de Tania Bruguera. Nós cubanos estamos esperando que uma mão generosa pirateie o documentário e o faça circular nas redes alternativas de informação. Já se foi o tempo em que algo assim podia ficar restrito ao circuito fechado dos fiéis, pois a tecnologia não entende de assuntos confidenciais ou notícias só para eleitos.

Meu pai me telefonou ontem para saber se vi as gravações ocultas que fizeram do ex-chanceler e do ex-secretário do Conselho de Ministros. "Não se desespere – eu disse – assim que as tiver te mando" e imediatamente me lembrei de quando ele quebrou o sigilo partidário e nos alertou sobre o que viria.

Orlando Luís Pardo Lazo

Carapaça dura

A tolerância com os que trabalhavam – sem licença – como taxistas autônomos tinha durado demais. Durante dois anos, essa foi a flexibilização mais notória e prolongada do governo de Raúl Castro, embora a imprensa estrangeira tenha dado mais atenção à possibilidade de comprar um computador, ter uma linha de celular, hospedar-se num hotel ou usufruir por dez anos de um pedaço de terra. A condescendência com os *boteros*[1] teve mais repercussão no nosso cotidiano do que esses novos serviços em moeda conversível ou a fracassada reforma agrária.

Na sexta passada as ruas da minha cidade amanheceram com poucos táxis coletivos, pois novas regulamentações exigem que tenham uma licença. Entendo que as atividades econômicas estejam sujeitas a encargos e inspeções, mas tenho medo de que essa medida reduza a mobilidade de milhares de pessoas. Não estou falando de uma elite que pode pagar dez pesos cubanos – o salário de uma jornada de trabalho – para ir do centro de Havana ao município de Playa, pois nesses velhos automóveis se locomovem pessoas de todos os estratos sociais. Do estudante que deve chegar à escola no horário, até o aposentado que vai visitar os netos em Mantilla ou o músico que dará um concerto numa casa noturna.

Os *almendrones*[2] exibem qualidades de que o transporte público carece: constância, boa frequência e acesso a todas as regiões do país. Esses carros caindo aos pedaços foram testemunhas de sucessivos planos para reabilitar os ônibus estatais e também viram como esses remendos momentâneos se desfazem. Têm o mérito de haver resistido aos controles rigorosos, à "caixinha" obrigatória que lhes cobram alguns policiais, às limitações para comprar peças de reposição e ao alto preço do combustível. Apesar de tudo isso, esses veículos em forma de ovo continuam rodando pela cidade com suas carcaças duras. Tomara que sua obstinada estrutura seja à prova de choques e dessas novas restrições.

[1] N.T.: Motoristas que transportam passageiros em veículos de aluguel ou particulares.
[2] N.T.: Carros americanos remanescentes da década de 1950, cujas formas ovaladas tornam parecidos com amêndoas. Muitos desses automóveis foram convertidos em táxis coletivos.

Yoani Sánchez

Orlando Luís Pardo Lazo

Um simples ponto de vista

Li o diálogo entre Silvio Rodríguez e Adrian Leiva sobre as restrições de entrada e saída do país. Esse foi, precisamente, um dos temas mais comentados em *Generación Y* nos últimos meses. Acabei me tornando, contra minha vontade, uma especialista em todos os meandros das limitações para viajar para fora desta Ilha. Depois de comprovar que entre as pessoas mais chegadas essas restrições migratórias não gozam de nenhuma popularidade e que até um ex-parlamentar se declarou inconformado com elas, a pergunta que me faço é: por que continuam de pé?

A resposta que me vem à cabeça decorre de uma pergunta simples: o que pensaria meu vizinho – militante do partido comunista e que nunca saiu em uma viagem oficial – se me fosse permitido aceitar os convites que recebo do exterior? O que restaria de sua "fidelidade" ideológica se comprovasse que a incondicionalidade já não é um requisito indispensável para pôr um pé fora de Cuba? Para ele seria um duro golpe ver chegar, carregados de presentes, todos aqueles que agora estão na lista negra dos que não podem entrar em Cuba.

Agora que aplaudir já não garante o privilégio de poder comprar uma geladeira nova, passar duas semanas na praia ou ganhar uma viagem de incentivo aos países da Europa do Leste, de que adianta então manter a máscara? Só me resta concluir que a permissão de sair ou entrar no país é um dos últimos diques de contenção para que as águas do comportamento livre não arrasem com tudo. O medo de não receber a "carta branca[1]" manteve-se como uma das poucas razões para continuar fingindo.

[1] N.T.: Documento que permite aos cubanos viajar ao exterior. Custa 180 dólares, pode ser negada e estabelece um prazo de estadia no exterior, geralmente, de 30 dias.

Orlando Luís Pardo Lazo

Há muitas maneiras de estar

A PROPÓSITO DA MINHA AUSÊNCIA NA FEIRA DE TURIM

Perdi Madri em pleno maio, Nova York com seu *campus* universitário e agora Turim durante a feira do livro. Se as coisas continuarem assim, vou ter que começar a contar minha vida no tempo verbal do improvável "eu teria podido estar aí, mas...", "lançaria o livro, se não fosse por..." ou "conseguiria viajar se me calasse".

Hoje fui ao lançamento de *Cuba Libre*, desse modo virtual de que apenas os blogueiros são capazes. Falei por telefone com os presentes, respondi algumas perguntas e a linha quase caiu antes que eu pudesse dizer "tchau".

Voltei a viver o que já conheço: estavam todos, menos eu.

Yoani Sánchez

Masa Bengue

O próximo frankenstein

Deu um relógio de grife em troca do microprocessador; a placa-mãe foi herança do irmão que foi embora do país. Só faltam as memórias RAM para montar o próximo frankenstein, com o qual poderá se conectar à intranet que vários jovens do seu prédio montaram. Com apenas 30 anos, tem construído seus próprios computadores desde os 20, graças ao mercado negro de peças de informática. No começo eram verdadeiros monstrengos – cheios de improvisações – porém, com o tempo, suas máquinas se tornaram mais apresentáveis e competitivas.

Agora está montando uma nova "criatura" para entrar no negócio de ripar DVDs e largar o emprego monótono numa repartição estatal. Um complexo programa de edição de vídeos lhe permitirá anunciar-se como "especialista em filmar casamentos e festas de 15 anos", ocupação informal muito bem remunerada. Entre os sonhos que alimenta está o de plugar-se na internet e procurar nos chats uma namorada que o tire daqui. Fantasia que ela o presenteia – no dia do casamento – com um computador em que não falta um parafuso sequer.

De Cuba, com carinho

Quando anunciaram que Raúl Castro permitiria a venda de computadores a cubanos, esse técnico alternativo ficou contente por não ter que esperar tanto. Com o preço de um laptop vendido hoje nas lojas em pesos conversíveis, ele poderia adquirir – de modo informal – peças para construir pelo menos três pcs. No entanto, falta ao seu frankenstein o mais importante: a possibilidade de sair porta afora e dar seus primeiros passos na web. Para deixar de ser uma simples acumulação de circuitos, precisa do relâmpago da conectividade, esse fluxo de energia que o fará despertar para a vida.

Hóspedes... visitantes / Masa Benge

Cuidado com a espontaneidade

Numa escola do Cerro, chegaram vários visitantes estrangeiros para fazer doações de cadernos e lápis. Dois dias antes, a professora sentou os alunos mais aplicados na primeira fila e pediu – aos pais deles – plantas ornamentais. A diretora deixou claro no turno da manhã que, enquanto os distintos hóspedes estivessem com eles, não se podia correr no intervalo nem seria permitida a venda de balas próximo à entrada principal.

Na quarta-feira em que a delegação desembarcou na unidade escolar, serviram frango no almoço e os televisores das classes não mostraram a costumeira novela mexicana, e sim os telecursos. A professora da quinta série evitou vestir a lycra vermelha de que tanto gosta e enfiou um casaco calorento usado em casamentos e enterros. Até a jovem auxiliar pedagógica estava diferente, pois não exigiu que os alunos lhe dessem – como todo dia – um pouco da merenda que traziam de casa.

A visita parecia ir bem: o material escolar já tinha sido entregue e os modernos automóveis estacionados do lado de fora levariam em pouco tempo o sorridente grupo de forasteiros. Porém, aconteceu algo inesperado: um dos convidados quebrou o protocolo previsto e foi ao banheiro. Os pontos da apressada "cirurgia estética" que tinham feito no centro escolar eram evidentes naquele insalubre espaço de poucos metros quadrados. Os meses transcorridos sem auxiliar de limpeza, as pias interditadas e a ausência de portas entre um sanitário e outro poderiam desmascarar a farsa de normalidade que tanto ensaiaram.

O espontâneo hóspede, que havia entrado no banheiro de boa fé, saiu completamente sem graça e se dirigiu à saída sem dizer uma palavra. Depois de meditar sobre a encenação, compreendeu que, em vez de papel ou lápis de cor, da próxima vez daria desinfetantes e panos de chão, e pagaria os serviços de um encanador.

De Cuba, com carinho

Nicolás Ordoñez

Passos de caranguejo: um pra frente, dois pra trás

Passei dois dias sem acessar a internet porque um novo obstáculo surgiu no caminho dos blogueiros alternativos. Para permitir o acesso à rede, vários hotéis do país exigem comprovação de que o usuário vive em algum ponto fora do arquipélago cubano. Os empregados me dizem – embora sejam tão nativos como eu – que este documento azulado não me permite navegar na grande teia de aranha mundial. "É uma resolução que vem de cima", explicou uma mulher, como se uma decisão desse tipo pudesse ser tomada em outro nível que não fossem os gabinetes do governo.

Acho difícil me transformar numa estrangeira da noite para o dia. De modo que só me resta protestar diante de semelhante proibição e tornar pública a existência de um novo Apartheid. Terei que voltar a usar o disfarce de turista, embora dessa vez eu precise aprender uma língua tão complicada como o húngaro, para enganar os que vendem os cartões de acesso. Talvez ocorra rondar os hotéis, disposta a pedir aos estrangeiros que comprem – para mim – essa chave de acesso que me é negada, esse salvo-conduto para o qual necessito "não ser cubana".

Yoani Sánchez

Masa Benge

Netos descrentes

Vou passear com o neto menor pelas ruas de uma Havana diferente e ao mesmo tempo familiar. Não tenho mais um blog e meus 70 anos ficam evidentes em cada ruga do rosto e na longa trança branca. Embora essa pudesse ser uma fantasia futurista de tons escuros, prefiro acreditar que caminhamos por uma cidade renascida e próspera. Vamos a um parque para tomar sol e, como todo idoso, trato de falar-lhe de minha época, daqueles anos em que eu tinha a magreza e a energia que ele agora exibe.

O espanhol continua sendo a língua materna de minha prole, mas o garoto me olha como se não entendesse tudo o que eu digo. Faz uma careta de dúvida quando me refiro ao Período Especial, à "caderneta de produtos racionados" ou à "fidelidade ideológica". Seus problemas são tão diferentes, por que haveria de entender os que eu já tive um dia? Demonstra, sem pudor, várias confusões históricas e chama um falecido líder pelo apelido de uma cantora de salsa. É incapaz de diferenciar um discurso decretando o caráter socialista da Revolução de outro em que se anunciou o colapso da União Soviética.

Não me manda calar a boca por respeito, mas leio em seus olhos que está entediado com toda minha tagarelice. "A vovó

83

ficou parada no tempo", dirá quando eu me for, mas na minha presença finge escutar os episódios defasados dessa Cuba remota. Não sabe esse rapaz que a premonição de sua existência me permitiu manter a lucidez quarenta anos atrás. Projetá-lo – com sua careta de incredulidade sentado num parque da Havana futura – evitou que eu tomasse o caminho do mar, do fingimento ou do silêncio. Cheguei até aqui graças a ele e, em vez de dizer-lhe isso, o que faço é aborrecê-lo com histórias do que passou, do que nunca voltará a se repetir.

Masa Benge

Meu reino por uma banana

Dizem que quando o muro caiu e as duas Alemanhas viraram uma só, do lado oriental chegavam alguns que nunca tinham comido uma banana. Olhavam extasiados o fruto comprido que os desabastecidos mercados do Leste não tinham vendido em tantos anos de economia centralizada. Imagino que provar a polpa doce de uma banana deve ter sido como degustar o fim de um sistema que durou cinquenta anos. Entre esses dois "sabores", eu preferiria experimentar o segundo, porque o outro tem estado em minha mesa desde que era pequena.

A banana já era – juntamente com a laranja – uma das frutas básicas em nossas casas, muito antes que os alemães soubessem da sua existência. Nós cubanos não teríamos derrubado um muro para morder sua soberba consistência, mas a ele devemos que nossa alimentação nos anos 1990 não tenha sido mais frugal. O *fufú*[1] foi, durante semanas, o único alimento para meu corpo adolescente. Como beneficiária de suas virtudes, desejaria erigir-lhe um monumento, mesmo que para isso devesse importar um exemplar da Costa Rica e usá-lo como modelo para a merecida estátua.

Não vejo uma banana desde setembro do ano passado, quando os furacões devastaram as plantações. E me nego a acreditar que, depois de ter resistido aos desastrosos planos agrícolas e aos desafortunados cruzamentos genéticos, vamos perdê-la agora. Essa fruta, que conseguiu superar os experimentos do Grande Agricultor em Chefe, não pode vir a perecer nas mãos de um par de ciclones. Tenho pavor de que estejamos – como os berlinenses – a ponto de correr de ansiedade atrás do sabor da banana.

[1] N.T.: Comida de origem africana, feita com bananas fritas, após serem amassadas com o punho.

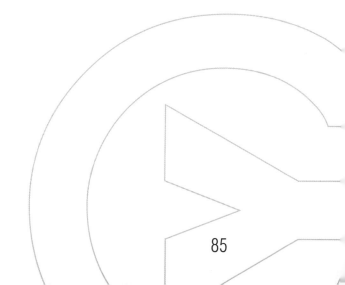

Desfile e epidemia

As duas notícias se sucederam uma à outra, tão contraditórias que o próprio locutor teve que fazer um esforço para esconder sua perplexidade. Na primeira se falava da concentração popular do próximo Primeiro de Maio, enquanto a segunda decretava o período de alerta ante a ameaça de uma possível epidemia de gripe suína. A partir da tarde de terça, uma série de oportunas medidas de prevenção foram intensificadas em todo o país. No entanto, a intenção de reunir quase um milhão de pessoas no desfile da próxima sexta continua de pé.

Minha experiência de resfriados e males gripais me diz que uma aglomeração humana é o cenário mais propício para sua disseminação. As medidas anunciadas deveriam incluir, como prevenção mínima, a postergação ou cancelamento das comemorações pelo dia dos trabalhadores. Não quero gerar pânico desnecessário. Não conheço ninguém que esteja contagiado e foi emitida uma declaração oficial de que não há nenhum caso registrado dessa doença, porém lembro que nos disseram o mesmo durante muito tempo até confessarem que a aids tinha entrado em Cuba, para não falar da cifra de contagiados pela dengue, manipulada ano após ano.

Com toda humildade, peço ao governo cubano que repense a ideia de reunir milhares de pessoas neste momento. Por favor, menos senso de espetáculo e mais proteção à cidadania.

Yoani Sánchez

Orlando Luís Pardo Lazo

Úmidas insignificâncias

Nos mesmos dias em que a destituição de Carlos Lage e Felipe Pérez Roque atraía a atenção da imprensa estrangeira e alimentava a boataria das ruas, algo mais íntimo preocupava Xiomara. Há quatro meses não chegavam a Pinar del Río os absorventes higiênicos que as mulheres usam para aplacar os ciclos da lua. Ela e as filhas cortaram um par de lençóis e conseguiram fazer algumas compressas que lavavam depois de usar. Se no mercado racionado faltar esse produto de higiene feminina, nos lares cubanos diminuirão as poucas toalhas e fronhas que ainda restam. A natureza não entende de mecanismos de distribuição, portanto, a cada 28 dias temos uma úmida evidência que os põe à prova.

Xiomara conta – com a vergonha de ter que dizer em público o que preferiria manter em privado – que as funcionárias de sua empresa tiveram o mesmo problema. "Era para termos nos recusado a ir trabalhar", diz, e eu imagino uma "greve da regra", um protesto em massa marcado pelo ciclo do óvulo que se desfaz. No entanto, nada parou na província de Pinar del Río por motivo tão "insignificante". Os funcionários continuaram falando da "recuperação frente aos furacões" e os jornais – que lamentavelmente não podem ser usados como absorventes higiênicos – mencionaram que a colheita de batatas excedeu as metas estipuladas. O drama ficou restrito aos banheiros, manifestando-se apenas em duas novas rugas de preocupação na testa de algumas fêmeas.

Há quem acredite que a destituição de vários funcionários ou a fusão de um par de ministérios são passos reais no caminho da mudança. No entanto, eu sinto que o desencadeador das transformações poderia ser, simplesmente, um grupo de mulheres cansadas de lavar – todo mês – as compressas usadas no seu ciclo menstrual.

Orlando Luís Pardo Lazo

Ritmo de frigideira

Os velhos utensílios de cozinha podem se converter – se for o caso – na cédula que não podemos depositar na urna e na mão que não nos atrevemos a levantar na assembleia. Qualquer objeto serve, em se tratando de exigir espaços: um pano pendurado na sacada, um jornal brandido em público ou uma caçarola repicando junto a outras. Neste Primeiro de Maio, às 20h30, um grande coro metálico de colheres e frigideiras poderia ser nossa voz e dizer aquilo que está engasgado em nossas gargantas.

As restrições para entrar e sair de Cuba já duraram tempo demais. De modo que farei ressoar minha panela por meus pais, que nunca puderam cruzar o mar que nos separa do mundo. Também tocarei uma sinfonia de caçarolas por mim mesma, obrigada a viajar apenas virtualmente nos últimos dois anos. Apressarei o ritmo da colher quando pensar em Teo, condenado à saída definitiva caso lhe ocorresse subir num avião antes dos 18 anos. Farei barulho por Edgar, que está em greve de fome após sete negativas à sua solicitação de permissão de saída. Ao final do concerto de metais dedicarei algumas notas a Marta, que não obteve a carta branca para conhecer a neta que nasceu na Flórida.

Depois de tanto bater no fundo da caçarola, é provável que esta não me sirva nem para fritar um ovo. Pelo necessário "alimento" que é viajar, ir e vir em liberdade, sair de casa sem pedir licença, bem valeria a pena quebrar a baixela inteira.

Orlando Luís Pardo Lazo

Para fora

A Cúpula das Américas terminou ontem e nada indica que se vai convocar uma reunião urgente do parlamento, nem uma plenária extraordinária do Comitê Central do Partido para analisar as propostas feitas por Obama. "Um novo começo com Cuba", disse o presidente americano em Trinidad e Tobago, mas hoje as reflexões de Fidel Castro só faziam alusão ao longo discurso de Daniel Ortega. Os jornalistas do Noticiário Nacional não saíram às ruas para recolher as impressões do povo, e meu vizinho foi recrutado para a Operação *Guaicarán*, ante uma possível invasão do Norte.

Dada a importância do que está acontecendo, a reunião de prestação de contas que se fará hoje no meu prédio deveria concentrar-se nas novas relações entre Cuba e Estados Unidos. No entanto, o síndico está mais interessado em falar dos moradores indisciplinados que põem o lixo fora dos depósitos do que saber nossa opinião sobre o fim do desacordo. Na escola do meu filho, um ou outro professor repete que "Obama é como Bush, porém pintado de negro" e os cartazes convocando à luta contra o imperialismo continuam nas ruas.

Não sei o que pensar da diferença entre as declarações feitas no exterior e o enfadonho sermão que nos infligem todo dia. O próprio Raúl Castro parece estar disposto a falar com Obama sobre temas que nunca quis debater conosco. Não consigo deixar de perguntar a mim mesma, então, se toda essa história do "ramo de oliveira" e da predisposição de tocar em temas amplos não seriam apenas palavras para serem ouvidas lá fora, frases pronunciadas longe dos nossos ouvidos.

Orlando Luís Pardo Lazo

E agora?

A bola está com os cubanos desde que Obama a chutou ontem, ao anunciar novas flexibilizações na sua política para o país. Os jogadores do lado de cá parecem um tanto confusos, hesitando entre receber o passe, criticá-lo ou simplesmente ignorá-lo. O contexto não poderia ser melhor: a fidelidade ao governo nunca se mostrou mais prejudicada e o fervor ideológico nunca esteve tão no chão como agora. Ainda por cima, poucos continuam acreditando na história do poderoso vizinho que vai vir nos atacar e a maioria sente que esse confronto já durou tempo demais.

O próximo lance cabe ao governo de Raúl Castro, mas pressinto que vamos ficar esperando. Ele deveria "descriminalizar a divergência política", o que deixaria sem efeito – imediatamente – as longas condenações à prisão daqueles que foram castigados por delitos de opinião. A jogada que gostaríamos que ele fizesse é a de abrir espaços para a iniciativa cidadã, permitir a livre associação e – em um gesto de total honestidade política – submeter o seu cargo a verdadeiras eleições populares. Em um ousado salto sobre o campo, "o eterno segundo" teria que arriscar-se a mostrar algo mais do que uma simples bandeira branca. Esperamos que ele elimine as restrições migratórias, que ponha um fim a esse negócio extorsivo no qual se transformaram as permissões para sair da ilha ou para retornar a ela.

A partida ficaria mais dinâmica se deixassem que o povo cubano também pudesse tocar na instável bola das mudanças. Muitos a arremessariam para que terminem a censura, o controle estatal sobre a informação, a seleção ideológica para ocupar certos empregos, o doutrinamento na educação e o castigo para quem pensa diferente. Nós a faríamos rolar para que nos deixem navegar na internet sem páginas bloqueadas ou para que nos microfones abertos possamos dizer a palavra "liberdade" e não sermos acusados – por isso – de fazer "uma provocação contrarrevolucionária".

Vários de nós já descemos das arquibancadas distantes de onde apenas assistíamos ao jogo. Se o governo cubano não recolher a bola, existem milhares de mãos dispostas a fazer valer a nossa vez de criar jogadas.

Mariel

Hoje eu trouxe fotos do porto que deu o seu nome a milhares de cubanos e depois caiu em um longo esquecimento de trinta anos. Dali saíram os "marielitos"[1] e, na minha escola primária, nos contavam que eles tinham ido até a outra margem para buscar "drogas e perversões". Era assim que eu os imaginava, em uma eterna festa de álcool e risadas a noventa milhas de distância. Com os meus cinco anos, não podia perceber que a gritaria no edifício e a minha avó nos proibindo de brincar no corredor eram por causa das reuniões de repúdio a essas pessoas. A "despedida" foi aviltante para aqueles que iam embora de uma ilha que se autoproclamava o lugar da utopia.

Os ovos voavam de lá para cá, uns os jogavam e outros os sentiam cair sobre as suas caras, suas portas e suas janelas. A palavra "escória", extraída do vocabulário da fundição de metais, foi aplicada àqueles que não se atiravam nos fornos do processo social. Voltamos a ser divididos, confrontados e separados. Pais e filhos deixaram de se falar porque um deles tinha escolhido o caminho do exílio. As cartas não eram abertas nem as ligações telefônicas atendidas pelos que ficaram aqui, acreditando na história dos traidores que fugiam. A minha professora perguntava se "a mamãe ou o papai recebiam presentes da família no Norte". Mais de um dos meus amiguinhos delatou, sem saber, a relação oculta que a sua família mantinha com o outro lado.

Não acredito que voltaremos a ter novos acontecimentos como os do porto do Mariel. A emigração ocorre agora de forma mais calada nas rochosas enseadas por onde – a cada madrugada – alguém se lança ao mar e nos consulados abarrotados de gente em busca de um visto. Já não são usados aqueles duros qualificativos de antigamente, agora o nome que lhes é dado é "emigrantes econômicos" e as propriedades que deixam para trás continuam sendo confiscadas. A oeste de Havana permanece, porém, a triste lembrança de quando milhares gritaram "que a escória vá embora, que a escória vá embora".

[1] N.T.: Inimigos do regime que deixaram Cuba pelo porto de Mariel.

De Cuba, com carinho

Orlando Luís Pardo Lazo

Filhos da crise

Quando eu era pequena, a minha mãe me obrigava a comer toda a comida. A frase para me fazer esvaziar o prato era: "não deixe nem uma colherada, porque existem outras crianças no mundo que não têm nada para pôr na boca". Passaram apenas alguns anos e a profunda crise gerada pela queda do socialismo na Europa mudou totalmente o panorama da minha mesa. Mais que evocar os que não tinham, ficávamos divagando sobre as iguarias que outros estariam devorando. Eram tempos em que falávamos constantemente de sabores perdidos e produtos desaparecidos do mercado. Os meus pais não voltaram a exigir de mim um apetite maior e, em vez disso, passaram a me repreender porque eu engolia – rápido demais – o pão recebido no racionamento.

A crise entrou nas nossas vidas para não ir mais embora. Depois de vinte e tantos anos convivendo com uma economia destroçada, a nossa pele quase já não reage às pontadas das dificuldades. O mundo se espanta diante dos indicadores que evidenciam a catástrofe econômica, mas a minha geração – crescida nos rigores da carestia – nem se imagina levantando uma manhã sem a angustiante pergunta "o que é que eu vou comer hoje?".

A derrocada financeira que açoita o mundo faz com que alguns analistas vaticinem o fim de um sistema. Nós somos sobreviventes da longa agonia de outro, de modo que os estertores não nos assustam. A experiência que temos em viver com o mínimo certamente será de grande utilidade se o problema continuar. Talvez tenhamos que retomar as incríveis receitas dos piores momentos do "período especial", como o bife feito com cascas de *grapefruit* ou o picadinho de casca de banana. Colocaremos no prato essas criações bizarras sem pressionar os nossos filhos para que tenham mais apetite, temerosas de que possam abocanhar a ração de toda a família.

Orlando Luís Pardo Lazo

Montéquios e Capuletos

Qual foi a origem do conflito entre a família de Romeu e o poderoso clã em que nasceu Julieta? Recordo a escada na sacada, as promessas de regresso e o desterro em Mântua, mas não consigo precisar a faísca que detonou o confronto entre as duas estirpes. Muitos jovens cubanos, da mesma forma que os namorados de Shakespeare, nasceram em meio a um conflito cujas motivações eles mal podem identificar. Cresceram à sombra da rivalidade entre o governo de Cuba e as administrações norte-americanas; foram amamentados dentro do ressentimento que tinha sido provocado – ou sofrido – pelos seus pais e seus avós.

Hoje essas pessoas – que não passam dos trinta – também não podem localizar o começo de um rancor pelo qual não são responsáveis. Olham para a frente e acham normal que algum dia Montéquios e Capuletos misturem o seu sangue em uma prole comum, que superem as espadas e os venenos. Não é possível impedir que eles se amem; vamos evitar então que simulem um ódio que não sentem e, principalmente, que finjam se suicidar para agradar aos mais velhos.

Orlando Luís Pardo Lazo

Os sete passeiam por Tebas

A visita de sete congressistas norte-americanos ao nosso país reanimou as expectativas em torno de uma avalanche de turistas vindos dos Estados Unidos. Os donos de quartos de aluguel calculam os possíveis lucros e os taxistas sonham com esses mascadores de chiclete que deixam generosas gorjetas. No terminal dois do Aeroporto José Martí já desembarcaram alguns, confiantes na rápida flexibilização das restrições para viajar a Cuba. As pessoas apelidaram esses visitantes iniciais de "os valentes", não sei se pelo risco que eles assumem com relação às leis do seu país ou se pela ousadia de chegar a uma ilha onde – segundo a versão oficial – são "o inimigo".

A esperada "normalização das relações entre Estados Unidos e Cuba" deve ocorrer, fundamentalmente, entre ambas as administrações. No nível das populações, faz tempo que estamos entrando em acordo, só que os nossos respectivos governantes não conseguem perceber isso. A nossa Nação é biterritorial, se levarmos em conta a ampla quantidade de compatriotas que vivem na América do Norte. Daí que seria a parte cubana a mais interessada em que as relações fluíssem dos dois lados do estreito da Flórida. Porém, o primeiro passo parece que será dado por Obama, não por Raúl.

Tenho dificuldade para me lembrar de um único dia desses cinquenta anos passado sem a advertência de que o poderoso vizinho pretende nos invadir. O que acontecerá com as palavras de ordem de "Cuba sim, ianques não", com o grito de "gringos" (por sinal, trazido de fora), quando aqui todos os chamamos – cordialmente – de "yumas"? A maior parte dos discursos políticos dessas cinco décadas se tornaria anacrônica e não haveria um "bicho-papão" para assustar as crianças nas escolas. O que pensariam os militantes do partido se fosse exigido deles que aceitassem os que – até pouco tempo atrás – deveriam odiar? Como Davi poderá sair bem nas fotos se, no lugar de continuar exibindo a pedra e atiradeira, ele se sentar com Golias para dialogar?

Curiosamente não vejo ninguém nas ruas angustiado diante dessas possíveis mudanças. O nervosismo é só daqueles que têm lançado mão do confronto para se manter no poder. Noto, ao contrário, alegria, esperança e a leve impressão de que entre Miami e Havana a distância poderia se tornar menor, um espaço familiar.

Carteira com imagem de Che

Mestres instantâneos

Entre os amigos do meu filho, há um especialmente apático que está quase terminando o ensino básico. Os livros pouco lhe importam e para os seus pais foi uma dor de cabeça conseguir que ele chegasse até a nona série. Uma semana atrás soube que se inscreveu para cursar uma carreira pedagógica. Pensei que estavam me falando de outro garoto, pois esse que eu conheço bem não tem nenhuma vocação ou aptidão para estar à frente de uma sala de aula. Quando quis conhecer as suas motivações, ele esclareceu as minhas dúvidas explicando: "Vou para a área pedagógica porque o curso é na cidade e não quero uma bolsa de estudos no campo".

Um percentual muito elevado dos que escolhem uma especialidade pedagógica – me arriscaria a dizer que quase todos – o fazem porque não lhes resta outra opção. São esses estudantes que, por causa das suas notas baixas, não podem almejar o ramo da informática ou um pré-universitário de ciências exatas. Em menos de três anos de formação, eles estão de pé junto a uma lousa e diante de alunos que mal superam em idade. Sem esses "mestres instantâneos" as classes ficariam vazias de professores, pois os salários miseráveis geraram um êxodo para setores mais bem remunerados.

Eu me assusto ao pensar nos jovens que serão educados pelo grande desinteresse e a pouca formação desse rapaz que eu conheço. Tenho horror de ver os meus netos chegando e me dizendo que "a estrela da nossa bandeira tem cinco pontas porque representa os agentes cubanos encarcerados em presídios norte-americanos" ou que "Madagascar é uma ilha na América do Sul". Não estou exagerando; nós, os pais de crianças ensinadas por docentes emergentes, temos um montão de anedotas como essas. Se uma profissão tão nobre continuar sendo desempenhada pelos indivíduos que menos se esforçam, o nível de instrução das próximas gerações será bem baixo. Um deles já confessou para o meu filho e seus colegas, quando eles começavam a sétima série: "Estudem muito para que não aconteça com vocês o mesmo que aconteceu comigo, que terminei sendo professor por causa das minhas notas baixas".

De Cuba, com carinho

A imprensa calada

Como estamos cheios de comemorações e de datas cívicas, não nos chama muito a atenção o dia da imprensa cubana, que foi no último 14 de março. Os noticiários exibiram longas reportagens sobre a sacrificada labuta dos jornalistas e a sua fidelidade à Revolução. Alguns repórteres receberam diplomas pelo seu trabalho destacado e a sua inatacável postura ideológica, enquanto o diário *Granma* dedicava um grande espaço à autocelebração.

Justamente nos dias em que ocorriam essas festividades, o presidente norte-americano Barack Obama suavizou as limitações aos cubano-americanos para viajar até a Ilha. As restrições abolidas impediam que esses emigrantes pudessem visitar a sua família mais de uma vez a cada três anos. Também impunham um limite estrito para o envio de remessas aos seus parentes em Cuba. Para a precária economia doméstica, o dinheiro mandado dos Estados Unidos é oxigênio indispensável para a sobrevivência. Em um país onde tantos cidadãos vivem na outra margem, a notícia dessa flexibilização deveria ser capa em todos os jornais. É o que se estudaria nas escolas de jornalismo como a manchete obrigatória de uma semana inteira.

Porém, a imprensa cubana mal mencionou esse passo positivo dado pelo inquilino da Casa Branca. O silêncio oficial foi a única resposta recebida pela tão esperada e aplaudida medida. Apesar de todos, nas ruas, não falarem de outra coisa e as mães se prepararem para dar as boas-vindas aos seus filhos radicados no Norte, os meios de comunicação oficiais tratam do assunto com cautela. Os jornalistas têm estado concentrados em outros temas: a colheita de batatas, o mundial de beisebol, a revolução bolivariana e – claro – os festejos pelo dia da imprensa cubana.

Desemprego juvenil

Certas estatísticas constantes jamais são divulgadas nos meios de comunicação; na verdade, elas são escondidas, apesar dos dados significativos que revelam. Junto ao número de suicídios, de abortos e de divórcios, se encobre também a cifra real de desempregados. Os noticiários e os *outdoors* querem nos fazer acreditar que vivemos em uma sociedade na qual todos têm a oportunidade de encontrar uma ocupação e que os excluídos assim o são por sua inclinação à vagabundagem. Tantos braços sem produzir apontam, porém, para a essência de um sistema que transformou o trabalho em mera aparência e o salário em uma brincadeira de mau gosto.

Há alguns dias, um curto programa de televisão se aproximou do tema da falta de emprego entre os jovens, mas sem mencionar o número dos atuais desempregados. Havana, às dez da manhã de um dia de semana, é a melhor amostra de quantas pessoas não têm um trabalho para ganhar a vida. Os parques, as calçadas e cada esquina, repletos de gente no horário de trabalho, são mais confiáveis que os baixos índices de desemprego dos anuários estatísticos. Para a cautelosa especialista que falou diante das câmeras, muitos jovens têm uma falsa percepção das suas potencialidades e por isso não aceitam certas funções. A sua frase foi seguida de uma entrevista na faculdade de estudos socioculturais da província Granma, onde os recém-graduados reclamavam das vagas de faxineiro ou de "inspetor de mosquitos" para as quais tinham sido designados.

Tantos malabarismos verbais para não reconhecer que, enquanto os salários continuarem tão baixos, os jovens não se sentirão motivados a trabalhar. Não se trata de apelar à abnegação ou de convocá-los a salvar a Pátria com o seu esforço diário, mas sim de pagar um valor e em uma moeda que lhes permita levar uma vida decente. O projetado "homem novo" não é tão diferente do resto dos seres humanos: ele quer empregar o seu tempo e a sua energia em algo que resulte em prosperidade e bem-estar. Isso não deveria ser tão difícil de entender pelos especialistas, nem tão sistematicamente ignorado pelas estatísticas.

Yoani Sánchez

Quem assina as cartas agora?

Comprar um veículo é uma dessas aventuras no estilo Indiana Jones que tanto pode resultar em um infarto do miocárdio quanto em uma longa espera de dez anos. Durante muito tempo somente foi possível obter um carro a partir da distribuição baseada na meritocracia. Um trabalhador destacado, com milhares de horas voluntárias e uma missão como soldado em Angola ou na Etiópia, devia se sentir um homem de sorte se lhe permitissem adquirir um Moskovich ou um Lada. Os profissionais de categoria mais elevada disputavam, nas universidades e nos centros de estudo, as reduzidas designações de automóveis. Enquanto isso, os funcionários governamentais podiam almejar modelos mais modernos, que eram reparados em oficinas do próprio Estado.

Quando os canais que conduziam os subsídios do Kremlin até aqui se fecharam, terminou a distribuição de eletrodomésticos e de carros por mérito. Começou a funcionar – outra vez – o dinheiro como moeda de troca para se conseguir um veículo. Entretanto, foi mantido um filtro seletivo para que se conquiste o direito de comprar os recém-chegados Citröen, Peugeot ou Mitsubishi. Os velhos automóveis adquiridos antes de 1959, estes sim podem ser vendidos, mas é proibido transferir para outro dono os obtidos por qualidades profissionais e ideológicas. As regulamentações terminaram por reconhecer que o que tinha sido alcançado naqueles anos do "socialismo real" era somente uma propriedade parcial, intransferível e facilmente confiscável.

Apesar de algumas lojas exibirem modernos carros de tração nas quatro rodas e vans com ar-condicionado, até os dias de hoje nenhum cubano pôde se dirigir até elas e comprar – sem maiores exigências do que ter o dinheiro – um veículo. É necessário receber antes uma carta de autorização, à qual se chega depois de anos de papelada. O processo inclui uma exaustiva revisão da origem dos fundos e a comprovação da "limpeza" ideológica do comprador. Por quase uma década, quem assinava esse salvo-conduto era Carlos Lage, vice-presidente do Conselho de Ministros, destituído há algumas semanas. De modo que, em meio ao estupor pela sua substituição, alguns se perguntam: "Quem vai assinar agora as cartas para se conseguir o desejado carro?"

Brainstorm

O último curta-metragem de Eduardo del Llano deveria ser exibido nas redações dos jornais e dos demais meios de comunicação de todo o país. Em uma mesa redonda, um conselho editorial discute sobre qual será o acontecimento que merecerá a capa da sua próxima edição. Há várias notícias para escolher: um extraordinário recorde esportivo, a queda de um meteorito que matou no ato um pintor, vários heróis do mundo do trabalho e alguns soldados internacionalistas. Os obedientes redatores esperam a ligação telefônica que – de cima para baixo – dirá qual notícia deve ser privilegiada em detrimento das outras. Enquanto isso, eles levam adiante a farsa de que podem decidir, a pantomima de atuar como se o jornal realmente fosse seu.

Brainstorm é um curta com personagens nada caricaturais e que, na verdade, são reflexo de uma situação real que é, na sua essência, exagerada e grotesca. Um mundo de poses, de covardias profissionais, resultantes de se observar os colegas mais ousados sendo destituídos das suas funções. O desafio para esses jornalistas não é o de ter uma opinião original, mas sim o de se adiantar e prever qual será o critério do poder. Todo bom informador "revolucionário" deve saber o que dirão os seus líderes antes que estes emitam uma única palavra; é conveniente interpretar os gestos dos governantes e não se enganar no momento de refleti-los.

É dessa e de outras misérias jornalísticas que trata o curta, que se soma à lista iniciada pelo já clássico *Monte Rouge*. Da série dirigida por Del Llano, é este o que mais me tocou pela proximidade temática e por aludir às mordaças da imprensa oficial. Ao vê-lo, confirmei o imenso privilégio de que usufruo, por não ter chefe editorial, censor ou alguém que me diga quais temas devo abordar ou que importância devo dar a eles. O meu pior pesadelo profissional seria me encontrar em uma mesa dessas onde todos cuidam da sua própria pele, no intuito de conservar o pequeno privilégio de trabalhar em *Granma*, *Juventud Rebelde*, ou algum periódico de província.

Como na cena final do filme – que não antecipo para que possam curti-la –, algo está ocorrendo lá fora e a nossa mídia continua ignorando esse fato. Milhares de acontecimentos se dão a cada dia, mas os disciplinados correspondentes dos telejornais não estão autorizados a informá-los. No seu lugar, nos mostram a Cuba idealizada de realizações agrícolas, superações conquistadas, visitas presidenciais, compromissos de resistência e pioneirinhos sorridentes. O telefonema autorizando a contar a realidade não chegou – ainda – à redação de nenhum jornal.

Debaixo do guarda-chuva

Muitos de nós chegam a acreditar que, se não estamos debaixo do guarda-chuva de uma entidade estatal, não existimos. Na porta de um ministério ou diante da secretária de algum funcionário público, uma pergunta sempre nos recebe: E você de onde é? Não se trata de curiosidade sobre a nossa origem regional, mas sim de uma cuidadosa investigação acerca da instituição que nos legitima. Quando não se tem uma credencial com a sigla de uma empresa do governo, pouco se pode fazer nessas dependências oficiais. Os que, como nós, são "cidadãos independentes" ou "indivíduos por conta própria" estão acostumados com as longas esperas e as negativas.

Nessa peculiar condição de elétron livre, afastado do núcleo de qualquer privilégio, poder ou cargo importante, sou calejada em tropeços, perita em trâmites que nunca se resolvem. Já me fizeram mil vezes a mesma pergunta sobre a sombrinha estatal que me protege, e prefiro me consumir sob o sol da minha autonomia a me cobrir com uma prerrogativa. Claro que essa filosofia do "não pertencimento" não serve para explicar ao guarda que ele deve me deixar entrar para resolver algum despacho não autorizado.

Acontece que eu não existo, porque nenhuma entidade estatal me tem no seu inventário, porque não pago as cotas de um sindicato, nem apareço nas listas de algum refeitório operário. O resultado é que, embora eu caminhe, durma, ame e até me queixe, me falta a declaração de vida que me seria dada pela filiação a um reduzido – e aborrecido – número de órgãos neogovernamentais. Na prática, sou um fantasma cívico, um não-ser, alguém que não pode mostrar diante do incisivo olhar do porteiro nem uma mínima prova de que está na engrenagem oficial.

Orlando Luís Pardo Lazo

Miopia e astigmatismo

Ponho os óculos do otimismo e lanço um olhar à cidade desmantelada onde vivo. Com essas lentes violáceas da esperança, o meu coração bombeia com mais tranquilidade, sem sobressaltos. Graças a elas compreendo que não subo 14 andares devido à ineficiência estatal – incapaz de consertar o elevador depois de cinco meses –, mas que sou na verdade uma ecologista perfeita, disposta a consumir somente o meu combustível humano. Com esses novos vidros através dos quais observo tudo, percebo que no meu prato a carne se ausenta não pelo seu altíssimo preço no mercado, mas porque amo os animais e evito o sofrimento do seu sacrifício.

Em casa falta uma conexão à internet, mas as lentes rosadas me escondem que esse serviço é exclusivo para funcionários públicos e estrangeiros residentes. Talvez queiram me proteger das "perversões" da rede, digo para mim mesma, tal e como faria o ridículo Cândido de Voltaire. Foi assim que procurei, por um brevíssimo tempo, ver palácios no lugar de ruínas, líderes que nos levam à vitória quando na realidade nos conduzem para o precipício e homens que ficam hipnotizados com a minha cabeleira, embora eu saiba que eles me seguem para me vigiar.

O problema começa quando tiro os óculos da ingenuidade e olho o que me rodeia com as cores reais da crise. A dor nas panturrilhas volta, como resposta às longas escadas; começo a sonhar com um bife, e um modem piscando se transforma em um desejo quase erótico. Atiro as lentes do otimismo pela minha sacada, talvez haja alguém lá embaixo que ainda prefira usá-las, que ainda queira distorcer a realidade com elas.

O moedor

Quando lerem este post, estarei sentada na sala de espera do escritório de Imigração do município de Plaza. Entre uniformes militares, o meu passaporte aguarda por uma permissão para viajar que já me foi negada em duas ocasiões. Durante o último ano, os obedientes soldados que se dedicam a limitar a nossa liberdade de ir e vir não têm permitido que eu aceite convites internacionais. Nos seus bancos de dados e ao lado do meu nome deve haver uma marca que me condena ao confinamento insular. A lógica possessiva deste Estado-papai acha normal que eu, como castigo por escrever um blog, como puxão de orelha por ter pensado que era uma pessoa livre, não receba a "carta branca".

O que menos espero nesta sexta-feira de burocracia e expectativa é que termine com alguém pondo a mão no meu ombro para me dizer: "Nos enganamos com você, já pode sair". Não acredito que corrijam "o erro" de me impedir de viajar, nem sequer alimento qualquer fantasia de subir no avião em 29 de março. Vou sentar na abarrotada recepção do casarão de 17 y K com apenas duas motivações: importuná-los com a minha teimosia e reclamar os meus direitos. Mostrar a eles o documento vistado que me dá entrada em muitas partes do mundo, enquanto "eles" freiam o meu deslocamento. Estarei lá, segura de que um dia toda essa maquinaria para obter lucros e gerar fidelidades ideológicas – em que se transformou a permissão de saída – vai deixar de existir.

Confesso que não quero que me permitam viajar como uma dádiva; sonho, na verdade, que – hoje mesmo, enquanto espero o terceiro "não" – alguém saia anunciando que um regulamento tão violador acaba de ser anulado. Pressinto que sairei de Cuba quando todos puderem fazer o mesmo livremente, mas, enquanto isso, vou continuar assediando-os com as minhas exigências, os meus posts e as minhas perguntas.

Orlando Luís Pardo Lazo

De equinócios e netos

Levaram Adolfo numa certa manhã há seis anos, depois de revistar a sua casa como se se tratasse de um perigoso terrorista. Não encontraram armas nem substâncias químicas na sua pobre moradia de Centro Habana,[1] mas os seus papéis atestavam muitas opiniões, escritas sem permissão. Ele foi julgado com a mesma precipitação com que – naqueles mesmos dias – fuzilaram três jovens por sequestrar uma lancha para emigrar para a Flórida. O equinócio estava próximo, mas a todos nós parecia que só havia um nome para tanto obscurantismo: a Primavera Negra de 2003. Nem sequer a guerra no Iraque conseguiu que a notícia ficasse reduzida aos amigos e familiares dos 75 detidos. O velho truque de aproveitar que todos olhavam para outro lado não funcionou, de tantas vezes que foi repetido com sucesso.

Da sua prisão em Ciego de Ávila, ele telefonou nesta semana para nos anunciar que a sua filha Joana vai ter um bebê. Provavelmente não poderá ver os primeiros dentes da criança, por causa da teimosia daqueles que o condenaram a 15 anos. A sua liberdade se transformou em um instrumento de troca, guardado para uma jogada política que ninguém sabe como ou quando vai acontecer. Apenas um homem – agonizante e, portanto, teimoso – parece ter a capacidade de decidir a sua saída da prisão. Para esse ancião que se apaga, o futuro de Adolfo – livre e vivendo em uma Cuba plural – deve doer mais que as agulhas dos soros e das injeções. Apesar do enorme poder desse octogenário convalescente, ele não poderá impedir que o neto do humilde professor de inglês o veja somente como um nome a mais nos livros de história, como o caprichoso caudilho que pôs o seu avô atrás das grades.

Março não voltou a ser o mês em que os dias duram tanto quanto as noites, porque um persistente eclipse das liberdades se instalou sobre nós. Eu olho e olho, mas continua parecendo que estamos em meio ao solstício e à penumbra. Ali adiante, consigo ver os meus filhos e os de Joana sob uma persistente luz, nos chamando.

[1] N.T.: Município da região centro-norte da província Cidade de Havana.

De Cuba, com carinho

Buraco hobbit

Saí do curso pré-universitário no campo sentindo que nada me pertencia, nem sequer o meu corpo. Viver em moradias estudantis cria essa sensação de que toda a sua vida, as suas intimidades, os seus objetos pessoais e até a sua nudez passaram a ser bens públicos. "Compartilhar" é palavra obrigatória e se chega a ver como normal o não poder estar – nunca – a sós. Depois de anos entre mobilizações, acampamentos agrícolas e uma triste escola em Alquízar, precisava de uma overdose de privacidade.

Tinha lido pela primeira vez os livros de J. R. R. Tolkien e a aconchegante casa de Bilbo Bolseiro era o meu ideal de refúgio para me esconder. Sentia falta de um espaço onde pudesse pôr os meus livros, pendurar a minha roupa, decidir que foto colocar na parede e pintar um sinal de "stop" na porta. Estava farta de tomar banho em chuveiros sem cortinas, de comer em bandejas de alumínio e de dividir os piolhos e os fungos com os meus colegas de alojamento. O universo ilusório de O Hobbit me oferecia esse cálido e reservado lar do qual a realidade não havia deixado que eu usufruísse. Escapava para esse buraco fictício em uma árvore quando a promíscua convivência chegava a níveis insuportáveis.

O ser atormentado que existe dentro de mim compreendeu nesses anos que não é só nos acampamentos e nas escolas internas que se deixa de respeitar a intimidade das pessoas. A minha Ilha é, em certos momentos, como uma sequência de leitos onde todos sabem o que o outro come, com quem ele se reúne e de que maneira pensa. O olhar carrancudo do meu diretor do pré-universitário foi substituído pela vigilância do CDR. Aquele me pedia que eu estivesse com o uniforme passado e os sapatos lustrosos, este espera que eu mantenha uma determinada postura ideológica.

A impressão de ser um "bem público" ou um "objeto de uso social" não desapareceu, pois com os anos confirmei que vivo em um enorme albergue controlado pelo Estado. Nele se escuta a campainha chamando para o irmos ao refeitório – transformada agora no grito de uma vizinha que anuncia um novo produto no mercado racionado. Porém, diante dessa convocatória não pulo imediatamente da cama, mas levo algum tempo para antes guardar algo debaixo do colchão. É um livro estranho e perigoso, no qual um anão de pés peludos fuma o seu cachimbo e desfruta de uma tépida e íntima guarida dentro de uma árvore.

O "irrefreável" veículo das mudanças

Mudanças no Olimpo

Ontem, no meio do almoço, um amigo me ligou para perguntar se eu tinha visto o noticiário da uma da tarde. Não, nunca mastigo enquanto assisto a esse tipo de programa; é fatal para a digestão. Misturar os feijões vermelhos com o anúncio de substituições no Conselho de Estado e de Ministros teria resultado em uma argamassa de efeitos incalculáveis. Ainda assim, me incomoda ter perdido a notícia e saber – por partes – das mudanças ocorridas lá em cima.

A "nota oficial", publicada em *Granma*, é longa e está repleta de uma linguagem que me dá sono. Ela se resume ao fato de que vários ministros e membros do Conselho de Estado foram substituídos, embora nas ruas – faz alguns meses – já corresse o rumor de que cairiam em desgraça. Nem sequer me surpreende que um dos substituídos, Carlos Valenciaga, não tenha sido mencionado ou que os uniformes militares ganhem uma presença maior no órgão máximo de administração.

As pessoas procuram achar nessas mudanças a profundidade e a sabedoria de uma partida de xadrez, mas para mim parece puro jogo de "cabra-cega". Não acredito que as tão desejadas e necessárias reformas estivessem esperando pelo aparecimento de novos ministros para serem aplicadas. Se a vontade fosse impulsionar medidas de abertura, nenhum funcionário público encarregado por um ministério teria podido freá-la. A intenção foi, no entanto, atrasar as mudanças, adormecê-las, ganhar tempo no jogo da política, enquanto nós perdemos meses e meses do tempo das nossas vidas.

Quem vai convencer Marquitos, que já tem o GPS para cruzar o estreito da Flórida, que os novos ministros pavimentarão o caminho para que ele possa realizar os seus sonhos no seu próprio país? O anúncio de ontem não vai diminuir as longas filas diante da embaixada espanhola para conseguir uma nova nacionalidade, nem o número de moças que entregam os seus corpos para que as tirem daqui. O fato de que o novo chanceler se chame Bruno em vez de Felipe pouco influi no grau de desesperança. Trocar os instrumentos não significa muito se a sinfonia interpretada e o velho maestro da orquestra continuam sendo os mesmos.

Um discurso bem macho

Ainda me lembro do cheiro das máscaras de gás com as quais corríamos para o refúgio nos exercícios militares, durante a escola primária. Eu e os meus colegas chegamos a temer que um dia tivéssemos que nos proteger no porão de algum edifício, enquanto as bombas estivessem caindo do lado de fora. A cidade mostra hoje as marcas de um constante ataque, mas só foram os projéteis da má administração e as balas do centralismo econômico que moldaram essa paisagem. De tanto nos prepararmos para uma batalha que nunca chegou, não nos demos conta de que o principal enfrentamento ocorria entre nós mesmos. Um combate prolongado entre os que estão fartos da linguagem belicista e, do outro lado, os que precisam de "uma praça sitiada onde divergir é trair".

Várias gerações de cubanos cresceram rodeadas por *outdoors* que nos previnem sobre uma possível invasão do norte. Enérgicos chamados a resistir, ninguém sabe mais muito bem a quem ou a que, fazem a música de fundo. Deveríamos ser tão expectantes como um soldado que dorme com um olho aberto para levantar de um salto quando soar a alvorada. Por outro lado, a indiferença ganhou a batalha principal e a maioria dos meus amiguinhos da infância terminou indo para o exílio, em vez de ir para a trincheira.

Depois de varias décadas escutando a mesma coisa, estou cansada do macho envolto no seu uniforme verde-oliva, do adjetivo "viril" associado à coragem, dos pelos no peito mandando mais que as mãos na escumadeira. Toda a minha progesterona aguarda que essa parafernália tão robusta dê lugar a palavras como "prosperidade", "reconciliação", "harmonia" e "convivência".

Açougue / Orlando Luís Pardo Lazo

Perguntas incômodas

Dou a volta no meu edifício, evitando passar debaixo das sacadas, pois os garotos atiram preservativos cheios de urina para matar o tédio. Um homem com a sua filha carrega uma sacola de onde pinga uma mistura de gordura, água e sangue. Eles vêm do açougue, onde a longa fila anuncia que algum produto racionado chegou pela manhã. Os dois sobem felizes as escadas levando o troféu de carne. É provável que a mãe já esteja cortando as cebolas, enquanto suspira aliviada com o fato de a proteína reaparecer, depois de vários dias de ausência.

Vou atrás deles e consigo ouvir que a menina pergunta: "Papai, quantos frangos você comeu na vida?" Noto a cara desconcertada do pai, que chegou ao sexto andar suando por todos os poros. A sua resposta é um tanto brusca: "Como é que eu vou saber? Eu não faço contas com a comida." Mas a menina insiste. Evidentemente está aprendendo a multiplicar e a dividir, daí que queira desmontar o mundo e explicá-lo – totalmente – apenas com números. "Papai, se você tem 53 anos e a cada mês recebe meio quilo de frango no açougue, só tem que saber quantos meses viveu. Quando você tiver esse número, divide por quatro libras, que é mais ou menos o que um frango normal pesa".

Eu me descubro seguindo a fórmula matemática desenvolvida pela garota e calculo que devorei uns 99 frangos nestes 33 anos. O homem interrompe a minha conta e diz: "Minha filha, quando eu nasci os frangos não vinham pela caderneta". Percebo que eu, sim, cresci com o grilhão do racionamento ajustado nos dois tornozelos, mas, graças ao mercado negro, ao desvio de recursos, às lojas em pesos conversíveis, à troca de roupas por comida e a uma série de caminhos paralelos, não sei a soma exata do que digeri. Apresso o passo e escuto a frase desconfiada da pequena Pitágoras: "Ai, papai, você quer que eu acredite que antes, nos açougues, vendiam todo o frango que a gente queria...".

De Cuba, com carinho

Me leva para navegar, pelo largo mar[1]

Em uma terra rodeada de água, o marinheiro é um vínculo com o outro lado, o portador dessas imagens que a insularidade não nos deixa ver. No caso cubano, quem trabalha em um barco pode, além disso, comprar no exterior muitos produtos inexistentes nos mercados locais. Uma espécie de Ulisses que, depois de meses navegando, traz a sua mala cheia de quinquilharias para a família. É o marujo que conecta no mercado negro os eletrodomésticos transportados nas barrigas dos navios; é ele que faz com que as modas cheguem antes do planejado pelos burocratas do comércio interno.

Durante várias décadas, ser "marinheiro mercante" era pertencer a uma seleta confraria que podia ir além do horizonte e trazer objetos nunca vistos nestas latitudes. Os primeiros jeans, gravadores cassetes e chicletes que toquei na minha vida foram transportados por esses afortunados tripulantes. O mesmo ocorreu com os relógios digitais, os televisores a cores e alguns carros que não se pareciam em nada como os pouco atraentes Lada e Moskovich.

Para os parentes de um marinheiro, os longos meses de ausência se suavizam com o bálsamo econômico produzido pela estadia em portos com preços mais baratos e melhor qualidade que as lojas cubanas. Quando chegar a idade de se aposentar e de lançar âncora, então será o momento de viver do que se pôde transportar e das imagens que ficaram na memória.

Conto toda essa história de barcos, mastros e mercado informal, porque Óscar, o marido da blogueira de Sin Evasión, está sendo ameaçado de ser despedido do seu trabalho como marinheiro. O motivo: a decisão de Miriam Celaya de tirar a máscara e continuar escrevendo as suas opiniões com a cara limpa. O castigo: deixar a família sem o necessário sustento. Por ela navegar livremente na rede, ele pode perder a possibilidade de singrar as águas.

[1] N.T.: Da canção infantil "Barquinho de papel".

Ampulheta

A cada dia, topo com alguém que se desiludiu e retirou o seu apoio ao processo cubano. Há os que devolvem a carteirinha do Partido Comunista, os que emigram com as suas filhas que se casaram na Itália ou os que se concentram na plácida tarefa de dar atenção aos seus netos e ficar na fila do pão. Eles passam de delatar a conspirar, de vigiar a se corromper e até trocam as suas preferências radiofônicas da Rádio Rebelde para a Rádio Martí. Percebo à minha volta toda essa conversão – lenta em uns, vertiginosa em outros – como se, debaixo do sol insular, milhares de pessoas tivessem mudado de pele. Porém, esse processo de metamorfose só ocorre em uma direção. Não topei com ninguém – e olha que eu conheço muita gente – que tenha passado da descrença para a lealdade, que começasse a confiar nos discursos depois de anos de críticas.

A matemática nos confronta com certas verdades infalíveis: o número dos insatisfeitos aumenta, mas o grupo dos que aplaudem não ganha novas "almas". Como uma ampulheta, a cada dia centenas de pequenas partículas de desapontados vai parar exatamente no lado contrário àquele em que estiveram uma vez. Elas caem na direção do montinho formado por nós, os céticos, os excluídos e o coro imenso dos indiferentes. Não existe mais volta para o lado da confiança, porque nenhuma mão poderá virar a ampulheta, pôr para cima o que hoje está definitivamente para baixo. O tempo de multiplicar ou somar passou há muito e agora os ábacos operam sempre com subtrações, marcam a interminável fuga em um só sentido.

Os "inquietos rapazes" do turno da manhã

Agradecimento e pedido

Não quero deixar que os dias passem e continuar na ingratidão de não corresponder aos "abnegados companheiros" que vigiam a entrada do meu edifício. Eles, com o seu sacrifício desmedido, conseguiram que nas últimas semanas não tenham ocorrido tantos atos de vandalismo como é comum nesses 14 andares. Não roubaram a roupa de ninguém do varal, nas escadas não encontramos nenhum excremento humano enfeitando os cantos, nenhum exibicionista mostrou o seu membro a alguma adolescente assustada; a mesa de dominó que gera tantos gritos foi suspensa até novo aviso e até os cachorros vagabundos evitaram fazer das suas lá embaixo. Tudo isso graças aos turnos rotativos mantidos pelos disciplinados membros do ministério do interior – para me vigiar – no *lobby* do meu bloco de concreto.

Só queria, junto com o meu agradecimento infinito, pedir a eles, por favor, um pouco de vista grossa com os vendedores ilegais. Faz o mesmo número de dias que ninguém – nem sequer um distribuidor de veneno contra baratas – grita a sua mercadoria nos nossos corredores. Eu me sinto culpada pela asfixia comercial em que estão submersos os outros 143 apartamentos e tenho que fazer algo para aliviá-los. Portanto, peço – aos vigilantes soldados do MININT[1] – que olhem para o outro lado quando se tratar de comida. Não é preciso fazer disso um cerco de Lisboa!

[1] N.T.: Ministério do Interior.

Um pouco mais cansados, os "inquietos rapazes" do turno da tarde

Boring Home

Conheço livros que estigmatizam os seus autores e escritores que projetam uma sombra escura sobre as suas obras. "Quem prejudica mais a quem?" é a pergunta aparentemente sugerida por alguns casos nos quais o literato é tão "difícil" quanto os seus textos. Orlando Luís Pardo Lazo é a causa direta de que os contos compilados sob o título *Boring Home* não tenham sido publicados na Feira Internacional do Livro de Havana de 2009. Ele e a sua mania de complicar as coisas, de procurar jogos linguísticos em uma realidade que entende melhor as palavras de ordem e os gritos. O cúmulo é que se dedique a roubar com a lente da sua câmera certas imagens desatinadas que contradizem a iconografia oficial. Estas não mostram nem a maçã nem Adão, apenas a serpente.

A radioatividade que emana de Orlando paralisou as máquinas tipográficas, espantou os editores e fez com que alguns colegas desistissem de cumprimentá-lo na rua. O seu nome desapareceu das listas dos escritores promovidos pelas instituições oficiais e foi tirado do catálogo dessa Feira. Porém, o maluco de Lawton se virou para imprimir o seu livro e agora quer lançá-lo. Nós, os seus amigos – gente excluída como ele –, decidimos acompanhá-lo na apresentação alternativa dos seus textos, *na segunda-feira 16 de fevereiro às três da tarde, nos arredores da fortaleza de La Cabaña.*

Tudo não teria passado de um grupinho sentado sobre a grama, falando de um livro manufaturado, se não fosse pelas ameaças. Desde ontem está circulando um e-mail na intranet do Ministério da Cultura no qual somos advertidos de possíveis represálias pelo lançamento alternativo dos contos. Telefonemas de intimidação, acusações de assalariados do Império – como são pouco originais! – e até a velada advertência de que haverá agressão física. Tudo isso acabou cercando a publicação de *Boring Home* de mais expectativa do que esperávamos, deu de presente o melhor discurso de apresentação que poderia ser feito para um escritor proscrito.

Estaremos lá, vamos ver se nos deixam chegar.

Parabólicas

Atrás de uma caixa-d'água, Dayron esconde uma antena parabólica para captar a televisão do México e a de Miami. Ele vive em um edifício de oito apartamentos e fornece a cada vizinho um cabo com a programação proibida. Apesar de a polícia rastrear esses distribuidores ilegais, ela consegue fazer muito pouco, dado o crescente número de pessoas que cometem o mesmo delito. Havana parece – por vezes – uma teia de aranha sulcada por falsos varais e canos de água pelos quais corre, na verdade, o proscrito sinal das televisões estrangeiras.

Assinantes desse negócio *underground*, muitas famílias pagam uma mensalidade de duzentos pesos cubanos, a metade do salário de qualquer trabalhador. Elas recebem em troca 24 horas de telenovelas, shows e musicais. Os poucos e ideologizados canais nacionais não tem como competir com as cores chamativas e a variedade que surgem pela ousada antena, orientada na direção do satélite.

Para contrabalançar esse fenômeno, o governo treinou equipes policiais que rastreiam as lajes e cortam os cabos suspeitos. A multa pode exceder os mil pesos e inclui o confisco dos equipamentos receptores e do televisor. Porém, o temor de serem surpreendidos não consegue fazer com que os audazes telespectadores desistam. Alguns empreendedores chegaram, inclusive, a instalar as redes de distribuição debaixo das ruas, junto aos velhos encanamentos de água. Para fazer isso, contrataram verdadeiras brigadas que simulam consertar algum bueiro, quando na realidade difundem o perseguido cabo.

Os clientes de Dayron estão dispostos a correr todos os riscos, desde que possam ver algo diferente.

Revolução.com

Na sala do Palácio das Convenções terminou hoje um congresso de informática cujo acesso foi somente para delegados estrangeiros ou cubanos com credencial. Por mais que eu tenha tentado penetrar no evento, era necessário pertencer a alguma instituição oficial para estar lá. Como preâmbulo otimista para essa reunião, o vice-ministro de Informática e Comunicações deu uma entrevista para o jornal *Juventud Rebelde*. Carregada de frases sobre um futuro impreciso que tanto poderia chegar na próxima semana quanto dentro de uma década, ele renovou – em alguns – as esperanças de um acesso massivo à internet. Porém, depois de ler várias vezes as respostas desse funcionário do governo, me sinto mais alarmada que tranquila.

As suas palavras não mostram a mínima crítica ao trabalho de censura ou de bloqueio de páginas que é tão comum nas redes

De Cuba, com carinho

cubanas. Situam as diferenças ideológicas em uma longa lista de atrocidades entre as quais se encontram os "conteúdos nocivos como a incitação ao terrorismo, a xenofobia, a pornografia...". Nesse mesmo clube de monstros, incluem, "claro, a incitação à subversão da ordem estabelecida em Cuba e os conteúdos francamente contrarrevolucionários". O último adjetivo confirma que o nosso acesso à rede continua extraviado em meio a uma diversidade de critérios que não têm nada a ver com o tipo de banda ou com a conexão por satélite.

Só que não vale a pena nos aborrecermos, porque a internet não será a migalha caindo para nós lá de cima, o privilégio que vai chegar devido à nossa boa conduta, nem o benefício alcançado depois de aplaudirmos muito. Dessa vez, não será assim. Uma verdadeira **revolução.com** ocorre paralela e contrária ao racionamento que também querem nos impor no mundo virtual. Essa não tem barbudos nem fuzis e muito menos um líder gritando na tribuna. É lenta e ainda localizada, mas vai alcançar quase todos os cubanos. Os seus comandantes têm nomes estranhos como Gmail, Wordpress, Skype ou Facebook. Eles não criam divisões, mas, ao contrário, unem pessoas.

O efeito dessa revolução tecnológica vai durar mais que cinquenta anos. Para impedi-la ou controlá-la pouco pode ser feito pelos ministérios, pelos filtros eletrônicos ou pelas promessas de acesso que não se materializam. Inclusive hoje, enquanto o evento Informática 2009 é encerrado a portas fechadas, em algum lugar já se abre uma nova brecha por onde passaremos sem permissão.

Yoani Sánchez

Lista de pedidos

O bolso da minha amiga Yuslemi ainda não se recuperou da última reunião na escola primária do seu filho. Uma parte do encontro com a professora foi dedicada às necessidades da sala de aula e especialmente à discussão da cifra que as famílias vão entregar para comprar o tão necessário ventilador. O tema da limpeza ocupou em torno de vinte minutos e os pais anotaram os vários produtos – como detergente, pano de chão e uma vassoura – que devem trazer nos próximos dias. Com cinco pesos mensais vindos de cada estudante, uma senhora vai ser paga para limpar o local uma vez por semana.

A escola carece de pessoal de limpeza, pois os baixos salários não atraem ninguém. A pessoa contratada de forma ilegal provavelmente é uma aposentada que não deve ter nenhuma proteção profissional ao realizar esse trabalho, nem férias nem indenização em caso de doença. Se trata de algo parecido ao que na Europa é chamado "trabalho negro" e que em Cuba conhecemos como uma ocupação "pela esquerda".

Quando parecia que o encontro estava terminando, chegou a hora de outro tipo de pedido. Perguntaram se algum pai podia consertar as cadeiras que foram se quebrando, e um senhor levantou a mão para assumir a tarefa. Outro garantiu que levaria um cadeado para a porta e uma mãe se comprometeu a imprimir as provas de matemática que seriam aplicadas no final de janeiro. A escola não tem copiadora nem impressora e, portanto, a reprodução das avaliações depende de algum pai que trabalhe em um centro estatal onde existam esses recursos. Tudo isso foi combinado em uma atmosfera de normalidade e a professora – ao terminar de ler a lista de pedidos – declarou que a reunião tinha sido um sucesso.

Um vendedor particular de pizzas e outros produtos em Santiago de Cuba

Nostalgia de pizza

Elas chegaram com força nos anos 1970 para desfazer a aparência cinzenta do mercado racionado. Em meio ao arroz com feijão cotidiano, as pizzas nos invadiram com a sua novidade e as suas cores. Em cada província foi construída uma pizzaria e se criou uma receita própria, motivo de espanto para qualquer *chef* mediterrâneo, mas de arrebatamento para os habitantes da Ilha. Grossas, com muito tomate e com as bordas crocantes, foi assim que ficaram gravadas na mente de várias gerações de cubanos.

Depois veio a crise dos anos 1990 e as lojas de comida italiana vendiam somente chá de casca de laranja e cigarros. Nós nos enchemos de saudade das lasanhas e do espaguete degustados nas "douradas" décadas do subsídio soviético. O tema da comida se tornou inevitável quando os amigos se reuniam e as pizzas despertavam a maior nostalgia. Quando a pressão da fome e o inconformismo fizeram com que estourasse a chamada crise dos balseiros em agosto de 1994, o governo autorizou o trabalho por conta própria. Por meio de comerciantes empreendedores voltaram os perdidos produtos feitos com farinha.

Muitos assalariados cubanos dependem hoje da pizza "de rua", vendida por mãos privadas. Com ela completam o deplorável almoço do seu centro trabalhista. Há meses, porém, escasseiam as ofertas nas lanchonetes familiares. O prolongado ataque contra o mercado informal, produto da crise deixado pelos furacões, estrangulou os vendedores de alimentos. Sem o desvio de recursos estatais, pouco podem fazer os trabalhadores autônomos, que não contam com um mercado atacadista. O medo é que esse prato tão popular termine sendo vendido somente em pesos conversíveis e se torne, assim, inacessível. Em tom de piada, há quem garanta que, cansada de tantas adulterações, a pizza terminou se repatriando na Itália.

De Cuba, com carinho

Duas agendas

Essa dualidade na qual estamos aprisionados, entre a versão oficial e a realidade das nossas ruas, marca também as demandas que emergem desta Ilha. A lista do que esperamos se divide em duas diferentes agendas, tão dessemelhantes quanto contrárias. A primeira – a do governo – inclui enérgicas declarações reclamando a liberdade dos cinco espiões cubanos presos nos Estados Unidos e tem, entre os seus pontos principais, a extradição de Posada Carriles, acusado de fazer explodir um avião em pleno voo em 1976. O caderno oficial diz que o fechamento do centro de detenção da base de Guantânamo por Obama não foi o suficiente, pois ele também deve devolver esse território para os cubanos e – obviamente – há um parágrafo, destacado em vermelho, sobre o fim do bloqueio norte-americano.

Outra coisa pode ser lida quando se abre o inventário dos desejos da população. Nas primeiras linhas está a pergunta acerca do que houve com aquelas "reformas estruturais" sobre as quais tanto se falava há dois anos. Uma repetida solicitação de tirar a camisa de força da iniciativa econômica popular estaria também entre as reivindicações mais visíveis. Com o toco de lápis da espera, escrevemos, em várias páginas dessa agenda virtual, a necessidade de acabar com as restrições para entrar e sair do país, o anseio de nos associarmos livremente e de escolher o credo no qual os nossos filhos vão se formar ou a vontade de ganhar os salários na mesma moeda com que se vende a maioria dos produtos. Tudo isso e muito mais estaria na estropiada caderneta das aspirações cidadãs, se alguém quisesse folheá-la.

Ocorre o mesmo com o documento oficial – sobre os direitos humanos – que é apresentado hoje no Conselho de Direitos Humanos. Resumo ficcional do que temos, lenda em tinta rosa e glossário triunfalista que se afasta – anos-luz – do que vivemos. Obra de exímios literatos, ela deve ser lida, como um texto romanceado de certos autores que evitam escrever o livro de bordo, real, do naufrágio.

Posto telefônico da ETECSA na praça Céspedes, de Santiago de Cuba

Endofobia

A rejeição ao que é diferente, ao que é de fora, tem outra face igualmente discriminatória e humilhante. A estranha forma de endofobia que se materializa na exclusão do similar, em se negar direitos iguais aos próprios compatriotas, é comum nas ruas desta Ilha. Entre as impressões mais intensas que a cidade de Santiago de Cuba me deixou está – precisamente – a de não se poder usufruir dos mesmos serviços que estão à disposição dos turistas estrangeiros.

Em uma esquina do parque Céspedes se localiza um moderno escritório da empresa de telecomunicações ETECSA,[1] onde é possível tanto passar um fax como se conectar à internet. Contudo, este último serviço só está disponível se você comprovar que não nasceu em Cuba ou que está radicado, há anos, a centenas de quilômetros deste país. Soube disso quando entrei e vi as caras interrogantes das atendentes enquanto observavam as minhas roupas para detectar se eu era uma estrangeira ou uma simples nacional. Como sou experiente na arte de deslizar pelas passagens mais estreitas, falei uma mistura tarzanesca de inglês e alemão e me venderam, então, um cartão para acessar a rede.

Dali mandei o post do domingo passado e comprovei como negavam a conexão à internet a vários cubanos que entraram. Sem argumentos e com um simples "o acesso é apenas para turistas", evitaram que os meus concidadãos se sentassem junto aos computadores desocupados, no fim do salão. Um deles, especialmente contrariado, protestou. Disse algo como "isso é uma falta de respeito", e eu, que não pude continuar fingindo que era germânica, fiz uma pequena correção: "isso é outra falta de respeito, uma a mais na longa lista". Um minuto depois me pediram que abandonasse o local. O meu texto já tinha saído para esse largo espaço, onde ninguém exige que eu mostre o passaporte.

[1] N.T.: Empresa de Telecomunicações de Cuba S.A.

Orlando Luís Pardo Lazo

Lokomotiv

Ele começou com uma picareta e uma pá, semeando os pesados dormentes que suportam as linhas dos trens. O seu pai também tinha sido ferroviário e um tio conseguiu, inclusive, conduzir os vagões, carregados de cana, até o engenho de açúcar. Era muito jovem e a sua vida já estava unida ao itinerário de uma locomotiva, com a sua fileira de carros estridentes e rapinhados. Passados alguns anos, conseguiu ter – finalmente – a direção entre as suas mãos e levar a serpente metálica pelos campos cubanos. O meu pai se tornou maquinista, dando continuidade a uma longa estirpe familiar que estava unida à ferrovia há décadas.

Mais de uma vez, eu mesma manobrei uma dessas máquinas em algum trecho tranquilo, enquanto ele supervisionava os meus movimentos e me ensinava a tocar o apito. "Nós tivemos trens antes que a Espanha", dizia o meu avô paterno sempre que alguém lhe perguntava sobre o seu trabalho. Cresci assim, sentindo o cheiro do metal dos freios que chiavam em cada parada e dando corda no meu trenzinho de brinquedo, rodeado de arvorezinhas de plástico e de vacas em miniatura.

A queda do socialismo na Europa fez com que a profissão familiar descarrilasse. Muitas locomotivas pararam por falta de peças, as viagens se tornaram mais espaçadas e os atrasos passaram a ser habituais. Sair de Havana rumo a Santiago podia demorar tanto vinte horas quanto três dias. Em alguns povoados pequenos, os vagões eram assaltados por camponeses necessitados que roubavam parte da mercadoria transportada. Os alto-falantes da estação central repetiam sem cessar: "A saída do trem com destino a... foi cancelada". O meu pai ficou sem trabalho e os seus colegas começaram a ganhar a vida em diversas atividades ilegais.

A ferrovia em Cuba não se recuperou desse mal. Linhas envelhecidas, longas filas para comprar um bilhete e a queda em desgraça de toda uma profissão fizeram com que esse meio de transporte goze da pior das reputações. "No ritmo em que vamos, deixaremos de ter ferrovia antes da Península",[1] diz o meu pai com ironia. O seu olhar não está fixo na roda que ele começa a desmontar – na sua nova profissão de consertador de bicicletas –, mas em outro ponto mais adiante, nessa enorme pilha de ferro que ele guiou por esta Ilha comprida e estreita.

[1] N.T.: Península é a forma pela qual os cubanos chamam a Espanha.

Yoani Sánchez

Vítima não, responsável

Eu poderia passar o dia assustada, me escondendo desses homens instalados lá embaixo. Encheria folhas com os custos pessoais que este blog me trouxe e com os testemunhos dos que têm sido "advertidos" de que sou uma pessoa perigosa. Bastaria que eu decidisse e cada um dos meus textos seria uma longa queixa ou o dedo acusador de quem busca a culpa sempre fora. Mas acontece que não me sinto vítima, mas sim responsável.

Estou consciente de que me calei, de que permiti que alguns poucos governassem a minha ilha como se se tratasse de uma fazenda. Simulei e aceitei que outros tomassem as decisões que correspondiam a todos nós, enquanto me escudava no fato de ser jovem demais, frágil demais. Sou responsável por ter posto a máscara, por ter usado o meu filho e a minha família como argumento para não me arriscar. Aplaudi – como quase todos – e fui embora do meu país quando estava cheia, dizendo para mim mesma que era mais fácil esquecer que tentar mudar alguma coisa. Também carrego a dívida de ter me deixado levar – algumas vezes – pelo rancor ou pela suspeita que marcaram a

135

minha vida. Tolerei que me inoculassem a paranoia e, na minha adolescência, uma balsa no meio do mar foi um desejo frequentemente acalentado.

Como não me sinto vítima, no entanto, subo um pouco a saia e mostro as pernas para dois homens que me seguem por todas as partes. Não há nada mais paralisante que uma panturrilha de mulher quando o sol bate nela no meio da rua. Como também não tenho vocação para mártir, procuro fazer com que não me falte o sorriso, porque as gargalhadas são pedras duras para os dentes dos autoritários. Assim, continuo a minha vida, sem deixar me transformar em puro gemido, em só um lamento. No fim das contas, tudo isso que hoje eu vivo é produto também do meu silêncio, fruto direto da minha passividade anterior.

Os otimistas

Em meados de 2007, Julito me garantiu que antes de agosto a carne de porco seria vendida a dez pesos a libra – o salário diário de um trabalhador médio. Como não vi o seu vaticínio cumprido, eu o repreendi em janeiro do ano passado e indaguei a data exata da queda de preços. Com o seu permanente sorriso, ele me assegurou que poderíamos adquirir a tão apreciada fibra – por um valor mais justo – nos meses de verão. Chegaram então os furacões e o prognóstico do meu vizinho se transformou em uma profecia amarga ou, pior ainda, em uma ingenuidade daninha. Não voltei a cruzar com ele por várias semanas e não pude censurar o seu triunfalismo desmedido.

Ontem, Julito subiu até o meu apartamento para falar de outro assunto. A sua caçula acaba de seguir o caminho já traçado pela irmã mais velha, depois de desertar em meio a uma turnê artística no exterior. Ambas estão reunidas em uma dessas populosas cidades dos Estados Unidos e a tristeza do pai com a separação não é tão grande como a alegria pelo futuro das filhas. Sentado na sala da minha casa, ele declarou que a esposa e ele planejam se reagrupar com a parte exilada da família. "Lá nós seremos mais úteis para elas", disse com um tom de quem já tomou a decisão.

Tive o impulso de perguntar se não ia esperar que o preço da carne baixasse, para depois voar para o reencontro familiar. Porém, sei que nós que somos pais não costumamos aceitar brincadeiras quando se trata dos nossos filhos e, portanto, preferi ignorar o seu otimismo passado. Perdoei o desgaste que a sua previsão me provocou e inclusive a pecha de "pessimista" que ele tinha me lançado diante da minha desconfiança. Julito é desses que mesmo na escada do avião vai continuar engolindo as suas críticas. Depois, em Boston, talvez leia este blog e provavelmente me escreva algum e-mail para confessar que nunca acreditou em nada, que era tão cético como eu.

Nós, o Povo

Sou pós-moderna e descrente: os discursos me dão sono e um líder em cima da tribuna significa – para mim – o cúmulo do tédio. Associo os microfones aos chamados à intransigência e a elogiada oratória de alguns sempre me pareceu um simples grito para ensurdecer o "inimigo". Nos atos públicos, conseguia escapulir e prefiro o zumbido de uma mosca a ter que escutar as promessas de um político. Já tive que ouvir tanta lengalenga – muitas vezes aparentemente interminável – que não sou o público indicado para aguentar mais um sermão.

Para mim, a voz que emerge dos palanques trouxe mais intolerância que concórdia, uma porção maior de crispação que de chamados à harmonia. Saídos das tribunas, vi vaticínios de invasões que nunca chegaram, planos econômicos que também não se cumpriram e até expressões tão discriminatórias como: "Que a escória vá embora, que a escória vá embora!". É por isso que estou tão confusa com a elocução serena pronunciada hoje por Barack Obama, com esse seu modo de alinhavar argumentos e invocar à concórdia.

Ao lê-lo – não tenho uma parabólica ilegal para ver televisão –, me pareceu que toda uma retórica ficou condenada ao século XX. Começamos a dizer adeus a essa convulsiva eloquência que já não nos comove. Só espero que sejamos "Nós, o Povo"[1] os que passarão a escrever os discursos a partir de agora.

---
[1] N.T.: Tomado da tradução do discurso de Barack Obama publicada no jornal espanhol *El País*.

Yoani Sánchez

Venha e viva essa experiência

Inspirada por uma dessas tantas propagandas turísticas, me passou pela cabeça uma ideia para atrair visitantes para a Ilha. Não se trata de uma viagem ecológica para apreciar a natureza ou de um *tour* histórico pelas praças e monumentos do país. Uma estadia "no estilo cubano" poderia ser o *slogan* dessa campanha publicitária, condenada de antemão ao desinteresse dos seus possíveis receptores. "Venha e viva essa experiência" rezaria a capa da caderneta de racionamento que seria entregue a cada um dos que se inscrevessem para essa aventura.

A hospedagem não se pareceria com os aposentos de luxo que exibem os hotéis de Varadero ou de Cayo Coco, pois os nossos agentes de turismo sugeririam quartinhos em Centro Habana, casas de cômodos em Buena Vista e um albergue abarrotado de refugiados dos furacões. Os turistas que comprarem esse pacote não poderão manusear moeda conversível e para os seus gastos de duas semanas contariam com o salário médio de um mês: trezentos pesos cubanos. Dessa forma, eles não conseguiriam entrar nos táxis especiais nem dirigir um carro alugado pelas estradas do país; o uso do transporte público seria obrigatório para os interessados nessa nova modalidade de viagens.

Os restaurantes estarão vedados aos que optarem por essa excursão e eles receberão um pão de oitenta gramas a cada dia. Talvez até tenham a sorte de conseguir duzentas gramas de peixe antes da saída do voo de regresso. Para se deslocar até outras províncias, não contarão com a opção da Viazul,[1] embora, em vez de ficar três dias na fila para um bilhete, talvez possa ser oferecida a eles a vantagem de comprá-lo depois de apenas um dia de espera. Estarão proibidos de subir em um iate ou de obter uma prancha de surfe, a não ser que terminem a sua estadia a noventa milhas e não no nosso "paraíso" caribenho.

Ao finalizar a viagem, os destemidos excursionistas obteriam um diploma de "conhecedores da realidade cubana", mas teriam que vir mais algumas vezes para ser declarados "adaptados" ao nosso absurdo cotidiano. Iriam embora mais magros, mais tristes, com uma obsessão pela comida que será saciada nos supermercados dos seus países e, sobretudo, com uma tremenda alergia pelos anúncios turísticos. Essas douradas propagandas que mostram uma Cuba de mulatas, rum, música e bailes não vão poder esconder o panorama de ruínas, frustração e inércia que eles já terão conhecido e vivido.

[1] N.T.: Empresa cubana de transporte por ônibus.

Um mundo possível é melhor

Diante das promessas de futuro que nunca se concretizam, me inclino por um amanhã que comece hoje mesmo, pelos sonhos que se materializem nesta jornada. Já tive os olhos fixos no que ainda está por acontecer, respirei baforadas de porvir e acreditei na miragem do que viria. A esta altura, só aposto no viável.

Levantei revirando uma dessas quiméricas palavras de ordem – que tanto escutamos pela televisão – para torná-la mais real. Um mundo possível é melhor – disse a mim mesma – e começo a sentir que vamos consegui-lo. Que o planeta, a minha ilha e a minha cidade encontrarão soluções realizáveis, não outra saraivada de utopias.

De Cuba, com carinho

Lady, I love you

Em um banco do Parque Central, espero por umas amigas que já estão meia hora atrasadas. Foi um dia duro e tenho muito pouca vontade de conversar com alguém. Um rapaz – que não tem mais de 20 anos – senta ao meu lado. Fala inglês pessimamente, mas usa esse idioma para me perguntar de onde eu venho e se compreendo o espanhol. Em um primeiro impulso, tenho vontade de dizer que caia fora, que não estou disposta a lidar com "*jineteros*" à caça de turistas, mas deixo que avance na sua falida estratégia de sedução.

Ele não sabe que a minha pele pálida foi herdada de dois avós espanhóis e que o meu passaporte é tão azul e nacional como o dele. Se não fosse por essa falsa avaliação de que sou estrangeira, nunca teria se aproximado de mim. Não sou um bom partido – isso se vê a léguas de distância –, mas ele calcula que, apesar de parecer uma forasteira pobre, eu posso lhe proporcionar ao menos um visto para emigrar. Chega a me dizer, estimulado pelo meu mutismo, "*Lady, I love you*" e depois de tal declaração de amor não consigo continuar contendo o riso. Indico com a minha pior gíria de Centro Habana: "Não gasta munição comigo, que eu sou 'cubiche'[1]". Ele se levanta como se tivesse sido picado por uma formiga e vai embora me insultando. Ainda o escuto quando exclama em voz alta: "Essa magrela parece gringa, mas é daqui e vale menos que a moeda nacional". O meu dia muda repentinamente e começo a rir sozinha naquele banco, a poucos metros do José Martí de mármore que enfeita o parque.

A revanche chega rápido para o frustrado Casanova. Uma nórdica de bermuda passa ao seu lado e ele repete a mesma ladainha que tinha lançado para mim. Ela sorri e parece deslumbrada diante da sua juventude e das suas tranças que terminam em contas coloridas. Eu os vejo indo embora juntos, enquanto o ágil mancebo declara o seu amor, em uma língua da qual ele conhece, se tanto, uma dúzia de palavras.

[1] N.T.: Termo pejorativo para designar os cubanos ou os seus descendentes.

Celebração e picadinho

Por ocasião da comemoração dos cinquenta anos daquele primeiro de janeiro de 1959, os cubanos puderam comprar – através do sistema de racionamento – meia libra de carne moída. O senso de humor que frequentemente nos salva da neurose não deixou escapar o inesperado manjar e o batizou como "o picadinho enviado por Chávez", em alusão ao evidente apoio econômico que chega da Venezuela.

Um processo político da envergadura de uma revolução socialista deveria almejar – no seu quinquagésimo aniversário – resultados mais ambiciosos e festas mais pomposas, mas não há muito para oferecer. Ainda que pareça uma frivolidade, para muitos cubanos a venda dessa carne de vaca foi o fato mais importante ocorrido nestes dias. O seu sabor será a lembrança que eles vão conservar de um dezembro cinza e um janeiro igualmente magro, nos quais nem sequer existiram promessas de possíveis melhorias ou reformas.

Cartão recebido das mãos de um vendedor ilegal na saída de uma loja

Mais um passo adiante

Andy é daqueles que não esperam. Teve um celular quando eles eram só para os estrangeiros, comprou um apartamento à margem da obsoleta lei da moradia e vende – desde o ano passado – as torradeiras que o *Granma* anunciou para 2010. Perambula ao redor das grandes lojas de pesos conversíveis e oferece a sua mercadoria, desviada de armazéns estatais. É um homem atual e ao mesmo tempo uma antecipação do futuro, um produto completo de uma longa época de ilegalidades.

Aluga filmes e telenovelas copiadas de uma antena parabólica que esconde dentro de uma aparente caixa-d'água. Os seus clientes sempre pedem algo com sexo, muita ação e pouca política. Ele os satisfaz. Aquilo que é proscrito é a fonte direta dos seus lucros e há tanta coisa que não se pode fazer que ele é um rei no país da proibição. Esse jovem, que ainda não passa dos 40 anos, fareja qualquer restrição que possa gerar um nicho de mercado. A sua longa experiência em subterfúgios lhe ensinou que parecem atividades contraditórias o ato de sobreviver e o de acatar o código penal. Daí que quando alguém reprova o seu trabalho de vendedor ilícito, ele esclarece que só provê aquilo que o Estado não oferece ou oferece a preços proibitivos.

A sua ética é ditada pelo bolso e ele enganou alguns que confiaram demais. Nada que não o deixe dormir tranquilo de noite, porque sabe que entre as suas vítimas também estão aqueles enganaram a outros para obter dividendos. Pertence a essa geração que viu os seus pais roubando o Estado, cresceu com o mercado negro e ensinou para os seus filhos o impiedoso código de tomar tudo o que estiver ao seu alcance. Pode ser que um dia o apanhem, o ponham atrás das grades por ter ido longe demais, mas isso não vai mudar nada. Neste povoado existem muitos Andys.

De Cuba, com carinho

Orlando Luís Pardo Lazo

Ausência de cores

Nesse quadro impressionista no qual transformo a minha realidade, com frequência não encontro a cor exata para cada fato. A ampla paleta composta pelas dúvidas, pela desilusão e por certo otimismo desbotado não tem um matiz que consiga representar o vazio. Como eu faço para desenhar o "nada" que se vive há meses nesta Ilha, os parênteses de acontecimentos em que estamos atolados? O entorno também perdeu muitas tonalidades, caso do amarelo incandescente dos boatos que não voltou a ser visto, pois ninguém especula mais sobre as próximas medidas que Raúl Castro vai aprovar.

O tom marrom da esperada e naufragada reforma agrária não se transformou no verde intenso dos vegetais e em frutas a preços mais acessíveis. Para não mencionar a erradicação da "carta branca", que, não tendo se concretizado, mantém as tintas escuras do absurdo migratório cubano. Em vez de ganhar em nuances, sobre o cavalete oficial há uma tela com o monocromático espetáculo de um único discurso permitido. Com esses elementos, ele bem poderia pintar um quadro de cinza sobre cinza e ainda estaria sendo triunfalista.

Alguns podem pensar que a visita de vários presidentes estrangeiros acrescenta uma cor dourada à obra, mas esses traços caem na pintura da chancelaria e do palácio de governo, não sobre a tela da vida real. São pinceladas dadas para fora, pela mão experiente do falsificador que com uns retoques aqui e outros ali quer tornar autênticas as supostas mudanças. Enquanto isso, eu continuo sem encontrar uma cor que expresse a inércia, que capture a esmaecida realidade de um país encalhado no tempo.

Os humildes

Eu não tinha nascido quando em abril de 1961 se declarou o caráter socialista do processo cubano. "Esta é a revolução socialista dos humildes, pelos humildes e para os humildes..." anunciou Fidel Castro perto das premonitórias portas do cemitério de Colón. Muitos dos que o escutaram, jubilosos e otimistas, supunham que o primeiro propósito revolucionário seria que não houvesse mais gente humilde. Com essa ilusão, eles saíram em defesa de um futuro sem pobreza.

Ao observar os atuais destinatários do anúncio de quase cinquenta anos atrás, me pergunto quando a prosperidade deixará de ser vista como contrarrevolucionária. Querer viver em uma casa na qual o vento não consiga arrancar o teto vai deixar de ser – algum dia – uma fraqueza pequeno-burguesa? Todas as carências materiais que percebo questionam o sentido dessa colossal guinada na história do país, só para que não existissem mais ricos, ao preço de que houvesse tantos pobres.

Se ao menos fôssemos mais livres. Se todas essas necessidades materiais não se concretizassem também em uma longa corrente que faz de cada cidadão um servo do Estado. Se a condição de humildes fosse uma escolha voluntariamente assumida e especialmente praticada por aqueles que nos governam. Mas não. A renovada exaltação da humildade lançada por Raúl Castro neste primeiro de janeiro confirma o aprendizado de décadas de crise econômica: que a pobreza é um caminho que leva à obediência.

À espera do teto

Missões

A oitava goteira que apareceu sobre a mesa de jantar fez com que você aceitasse uma missão como médico na Venezuela. Sabia que com o salário de cada mês nunca poderia substituir a laje velha e reparar as desgastadas colunas. A revenda de alguns eletrodomésticos comprados por lá ajudaria a completar o custo do cimento e da estrutura. Em Havana, uma conta bancária iria aumentando com os cinquenta pesos conversíveis recebidos mensalmente pela sua estada em Caracas. Tua mulher encomendou um laptop e o caçula queria um PlayStation.

Nos primeiros meses, você dormia mal com o barulho de tiros que chegava até o pequeno quarto dividido com outros cinco colegas. Para espantar a saudade, você pensava nas caras dos seus parentes quando mostrasse toda a roupa linda que tinha conseguido em uma liquidação. Enquanto isso, o pequeno patrimônio bancário crescia em Cuba, com a condição de que você somente poderia usufruir dele no final da sua missão.

Alguém do grupo confessou uma noite que ia cruzar a fronteira e ir embora para Miami. Você o ouviu com o temor de quem pode fugir para longe da goteira, do novo teto e do pedido portátil, para usar as próprias economias para começar uma vida nova. Imediatamente se lembrou desse enfermeiro que escapou e nunca mais pôde tirar a família da Ilha. Os desertores são castigados com a separação, marcados pela impossibilidade de voltar a se reunir com os seus.

Dessa forma, você passou dois anos curando gente e salvando vidas, sofrendo a distância, o susto e a promiscuidade habitacional. Como um alívio, veio a notícia de que a sua esposa já tinha começado a comprar os sacos de cimento para bater a laje. Quando o momento de regressar estava próximo, alguém anunciou que o compromisso de permanecer por mais seis meses tinha chegado em um papel para ser assinado. "Não há problema – você pensou –, com o que eu ganhar nesse tempo, talvez consiga consertar as paredes da casa".

De Cuba, com carinho

Violentados

Tomamos cuidado para que ninguém se aproxime lascivamente dos nossos filhos, porém, poucos se dão conta quando a mão-boba se concentra nas mentes e não nos corpos. A ideologização da educação cubana chegou a um ponto que alarma inclusive aqueles que, como nós, se formaram submetidos a esses mesmos métodos. Ao pegar um livro didático ou revisar o sistema de avaliação já é possível notar o quanto a doutrina ganhou terreno em detrimento do conhecimento. Na sala de aula do meu filho, seis fotos do Líder Verde-Oliva enfeitam as paredes, enquanto o boletim de notas inclui a participação em atividades políticas e patrióticas.

Evoco a minha etapa de pioneirinha lendo um comunicado ou gritando palavras de ordem e não posso deixar de me sentir violentada. Mas a sensação é mais forte quando vejo que Teo –

aos seus 13 anos – já aprendeu quais opiniões ele não deve dizer na escola para evitar problemas. Descobrir a minha própria máscara prolongada agora no rosto do meu filho é mais doloroso que aquele estupro do qual eu fui alvo.

O primeiro sol de 2009

Os homens se sucedem, as ideologias vêm abaixo, os líderes agonizam e os discursos encurtam, tudo isso sob o repetitivo ciclo de um sol que se põe e torna a nascer. Quando vejo o "índio"[1] surgindo diante da minha sacada, comprovo o quanto somos pequenos, o quanto são risíveis as pretensões de transcendência de alguns.

Deixo aqui o primeiro sol de 2009, o dourado círculo de luz que sobreviverá a todos nós. Desejo a vocês um feliz Ano-Novo e que os raios deste amanhecer aqueçam a todos.

[1] N.T.: "Índio" é uma das designações que em Cuba se dá para o sol.

O outro Pablo

Pablo Milanés e eu compartilhamos uma tarde inesquecível na Tribuna Anti-imperialista. Ele estava no palco, cantando o seu amplo repertório, enquanto eu exibia um cartaz com o nome de Gorki. O seu concerto durou quase três horas, mas a faixa que nós, os impertinentes, levantamos levou apenas alguns segundos para ser destruída. Apesar de estar tão perto do cantor e compositor de "Yolanda", naquele 28 de agosto pensei que milhares de quilômetros separavam o meu inconformismo da sua tendência à apologia. Estava enganada.

Li a entrevista dada por Pablo ao jornal *El Público* e qualquer uma das suas respostas faria com que ele fosse agredido se as expusesse em uma praça central de Havana. Os seus critérios parecem os que me levaram a começar este blog e eu bem que poderia inclusive assinar como minhas algumas das suas frases. Quando diz "estamos paralisados em todos os sentidos, fazemos planos para um futuro que está sempre por chegar", ele me toca mais de perto que com todas as suas canções juntas. Esse porvir do qual fala foi pintado para nós cheio de luzes e com um fundo musical que incluía a sua voz entoando "Cuba va". Com o objetivo de alcançar tal ilusão, todo sacrifício parecia pequeno, mesmo o de calarmos as nossas diferenças, o de sufocarmos qualquer vestígio de crítica.

As cores escorreram pelo envelhecido rosto da utopia e a sinfonia da vitória se transformou em um *reggaeton*[1] da sobrevivência. As canções de Pablo Milanés passaram a ser como hinos de velhos tempos nos quais éramos mais cândidos, mais crédulos. "Muita gente tem medo de falar", ele nos diz agora e, com um tremor que percorre os meus joelhos, confirmo que sim, que o preço da opinião é ainda alto demais. Sem os acordes e as tensionadas cordas do seu violão, foi modulada ontem a sua melhor composição, essa que carrega o inconformismo e o dedo do cidadão apontando para o poder. É a mesma música que milhões de cubanos murmuram, mas que ele tem a capacidade de entoar com essa voz cálida que uma vez nos fez acreditar no exato contrário.

[1] N.T.: Ritmo musical centro-americano que atualmente faz sucesso entre os jovens.

O fim dos subsídios

O tédio deste fim de ano me levou a ver o monótono espetáculo dos nossos parlamentares na sua última reunião de 2008. A fórmula de levantar problemas sem assinalar as suas verdadeiras causas voltou – neste mês de dezembro – à sala do Palácio das Convenções. Todo um estilo de falar que começa com uma reverência inicial mais ou menos assim: "A nossa Revolução fez muito para melhorar o comércio varejista, ainda assim subsistem problemas…" Sem essa indispensável genuflexão, se poderia incorrer em um atrevimento não permitido ou ser marcado como hipercrítico e ingrato.

O discurso final feito por Raúl Castro reafirmou a ideia de terminar com os subsídios. Ao se escutar essa frase, se tende a pensar apenas no fim da quota racionada de alimentos que nós cubanos recebemos. Mas o chamado a erradicar preços simbólicos e gratuidades desnecessárias é uma faca de dois gumes, que pode terminar ferindo quem a empunha. Se fôssemos consequentes com a eliminação do paternalismo, seria necessário começar baixando a carga que significa a manutenção dessa obesa infraestrutura estatal que alimentamos com os nossos bolsos. Um trabalhador que produz aço, níquel, rum, tabaco, ou que está empregado no bar de um hotel, recebe uma minúscula porção da venda da sua produção ou do custo real dos seus serviços. O resto é diretamente para subsidiar um Estado insaciável.

Entre o simbólico preço de uma libra de arroz no racionamento ou a enorme "fatia" dos nossos salários que é levada pelos que nos governam, somos mais emissores que receptores de subsídios. Erradicá-los deveria ser o nosso *slogan*, não o deles.

Yoani Sánchez

Orlando Luís Pardo Lazo

Natividade?

Hoje poderia ser 3 de junho ou 9 de setembro, pois apenas alguns detalhes indicam que é Natal. Poucos, muito poucos se cumprimentam na rua. Comparado com o 25 de dezembro do ano passado, este é um dia mais desencantado e com menos expectativas com relação ao futuro. Mais de 12 meses se passaram desde que pressagiamos – na intimidade da família e dos amigos – supostas reformas, que se limitaram a um telefone celular ou ao quarto de um hotel que não podemos pagar.

O galo cantará hoje para um povo que reduziu as suas ações a um verbo moroso: esperar. Enquanto isso, a minha agenda telefônica acumula vazios devido aos amigos que emigraram e o nosso presidente pula como um gato enjaulado quando falam de dissidentes presos. Como avançamos pouco neste 2008! Como são ridículos os passos no mesmo lugar que demos até este dezembro!

De Cuba, com carinho

Na igreja de São Lázaro em El Rincón / Orlando Luís Pardo Lazo

Soluções

Se você não propuser "soluções", é melhor nem pensar em recorrer à crítica. É isso o que me explicam alguns que também não apresentam um único remédio. O seu tom evoca as chatas assembleias de pioneirinhos de que participei durante todos os meus anos escolares. Quando era a minha vez de falar e os meus comentários extrapolavam o âmbito pessoal para criticar o sistema, alguém me interrompia secamente para lembrar que um verdadeiro revolucionário oferece soluções e não se limita a apresentar queixas. O exercício do discernimento deveria ser feito de forma construtiva – me advertiam –, e com o tempo compreendi que não se tratava de um chamado à crítica construtiva, mas sim ao conformismo.

Aquelas críticas cerceadas trouxeram esses problemas para os quais nem mesmo os proponentes da "crítica útil" têm uma solução. Os meus poucos conhecimentos em matéria econômica não permitem, por exemplo, que eu me aventure a corrigir os agravamentos da dualidade econômica em que vivemos há 15 anos. Também não tenho credencias científicas para saber como vai ser resolvida essa maldita situação em que a erva daninha cresce por toda a parte. Pernas curtas na política me impedem de prever como vão se tornar efetivas as palavras de João Paulo II de "que Cuba se abra para o mundo e o mundo se abra para Cuba".

Porém, o meu olfato cidadão me fez descobrir intuitivamente a SOLUÇÃO. Só a livre opinião fará com que aqueles que podem apontar remédios se atrevam a fazê-lo. O economista que guarda na sua gaveta o plano para sanear a economia cubana precisa de garantias de que não será castigado por dizer as suas ideias. Todos os projetos políticos, sociais e de política externa que estão ocultos diante da possível represália que os seus criadores podem sofrer reclamam um espaço de respeito.

Deixem que todos falem, não importa se em tom de lamento ou com o respaldo de uma proposta estudada para enfrentar os problemas. Anunciem publicamente que cada cubano pode dizer o que pensa e propor uma solução a partir da coloração política e da orientação ideológica em que acredita. Vocês vão ver então como afloram os bálsamos, como a queixa dá lugar à proposta e como isso cai mal para os repressores crônicos da crítica.

Os filhos devoram Saturno

Esses jovens que vejo hoje, ensimesmados nos seus MP3 e com a calça abaixo da cintura, anseiam – como nós já ansiamos –

pelo momento de estar "no comando da casa" e trocar os móveis, renovar a pintura e convidar os amigos. Eles têm a mesma aversão ao que é herdado e o mesmo deleite com o proibido que todos os que já passamos por essa idade também tivemos. Não vão seguir o caminho que os mais velhos traçaram e – por sorte – não se encaixam de jeito nenhum no ideal do "homem novo".

Gosto da maneira como fazem de conta que nada lhes interessa, quando na realidade aguardam o momento de tomar o microfone, brandir a caneta e levantar o indicador. Eu os observo e não posso imaginar esses garotos que hoje se mexem ao ritmo do *reggaeton* ajustando o seu passo a uma marcha militar. Também não consigo percebê-los hipnotizados por um líder, se deixando levar e se sacrificando por ele. O hedonismo os salva da entrega incondicional e certo toque de frivolidade os protege contra a sobriedade das ideologias.

Parafraseando o poeta Eliseo Diego, esses simpáticos jovens têm "o tempo, todo o tempo". Assim, de momento eles deixam que os mais velhos acreditem nos seus compromissos de continuidade e conservação. Mas vai chegar o dia de trocar – inclusive – a fechadura da porta de casa.

Yoani Sánchez

Hospitais: você leva tudo?

Um balde em uma mão, o travesseiro debaixo do braço e o ventilador apoiado nos quadris. Entro pela porta do hospital oncológico e a mochila que avulta sobre o meu ombro não deixa que o guarda veja o meu rosto. Pouco importa, pois as famílias dos pacientes têm mesmo que levar tudo e o homem já está acostumado com isso. Assim, a minha barroca estrutura de ventilador, balde e fronhas não o incomoda. Ele não sabe ainda, mas em uma sacola pendurada em algum lado do meu corpo, eu lhe trouxe um sanduíche de omelete, para que me deixe ficar para além do horário de visitas.

Chego à sala e Mónica segura a mão da mãe, cujo rosto está cada vez mais abatido. Ela tem câncer no esôfago e não há muito mais o que fazer, apesar de essa pobre senhora não saber disso. Nunca entendi a negativa dos médicos em informar – diretamente – a cada um o pouco tempo que resta para o final; mas respeito a decisão da família, embora não me associe à mentira de que logo vai se estar bem.

A sala tem uma luz tênue e o ar cheira a dor. Começo a desempacotar o que trouxe. Tiro o saquinho de detergente e o aromatizante com os quais vou limpar o banheiro cujo "aroma" inunda todo o ambiente. Com o balde vamos poder dar banho na paciente e descarregar a privada, pois a válvula de água não funciona. Para a limpeza grande, levei um par de luvas amarelas, temerosa dos germes que é possível pegar nesse hospital. Mónica me instiga a continuar desempacotando e extraio a marmita e um purezinho especial para a doente. O travesseiro caiu muito bem e o jogo de lençóis limpos consegue cobrir o colchão, manchado com sucessivos eflúvios.

O objeto mais bem recebido é o ventilador, que eu conecto a dois fios desencapados que saem da parede. Continuo desembalando e chego até a cestinha com os materiais médicos. Consegui algumas agulhas adequadas para o soro, pois a que ela tem no braço é muito grossa e dói. Também comprei um pouco de gaze e de algodão no mercado negro. O mais difícil – que me custou dias e incríveis negociações – foi a linha de sutura para a cirurgia que vão fazer amanhã. Trouxe, além disso, uma caixa de seringas descartáveis, pois a senhora gritou alto quando viu a enfermeira com uma de vidro.

Para a distração, carreguei um rádio e uma paciente próxima levou um televisor. A minha amiga e a sua mãe poderão ver a novela, enquanto eu procuro o médico e lhe entrego um presente enviado pelo marido da doente. Quando chega a hora de dormir, uma barata atravessa a parede perto da cama e recordo que também trouxe um inseticida. Na mochila há ainda alguns remédios e uma lembrancinha para a moça do laboratório. O dinheiro está no bolso, pois as ambulâncias são para casos muito críticos e, quando a enviarem – desenganada – para casa, vamos ter que pegar um Panatáxi.[1]

Em frente à nossa cama há uma velhinha que toma a sopa aguada que o pessoal do hospital deu. Em volta da sua cama não se vê nenhuma sacola trazida pela família e não há travesseiro para apoiar a cabeça. Ponho o ventilador de uma forma que ela também receba o vento e lhe falo sobre a chegada de outro furacão. Sem que se perceba, bato na madeira do batente da porta, não sei muito bem se para expulsar o medo da doença ou por espanto diante das condições do hospital. Uma mulher passa gritando que vende pães com presunto para os acompanhantes e eu me tranco no banheiro, que cheira a jasmim depois da minha limpeza.

[1] N.T.: Empresa cubana de transporte por carro com chofer ou micro-ônibus com motorista.

A utopia imposta

Habito uma utopia que não é minha. Diante dela, os meus avós se persignaram e os meus pais entregaram os seus melhores anos. Eu a levo sobre os ombros sem poder sacudi-la.

Algumas pessoas que não a vivenciam tentam me convencer – à distância – de que eu devo conservá-la. Porém, é alienante viver uma ilusão alheia, carregar o peso daquilo que outros sonharam.

Aos que me impuseram – sem me consultar – essa miragem, quero avisar, desde agora, que não pretendo deixá-la de herança para os meus filhos.

Pedalar

Você sabe o que se experimenta quando alguém tenta pedalar uma bicicleta que está com a corrente oxidada, a engrenagem torta e a coroa travada? Pois é essa a sensação que me esmaga por estes dias. Todas as minhas energias, os meus esforços e os meus desejos de fazer algo são desperdiçados em um mecanismo que não avança. Em certos momentos tenho a impressão de que o estilo de vida a que me obrigam, com os problemas, as dificuldades e as ineficiências cotidianas, corresponde a uma intenção de não me deixar levantar "voo", de não me permitir sair do ciclo rasteiro de pedalar até o esgotamento. Nessa bicicleta da qual estou falando, eu não controlo o guidão. Na verdade, são as pedras do caminho que determinam o meu rumo e a única coisa que funciona com alguma eficiência são os freios. A rua por onde tento avançar está cheia de placas restritivas e em nenhuma esquina a minha faixa tem a preferência. Já sei que seria mais fácil jogar fora a bicicleta, me mudar para um bairro de amplas calçadas bem longe daqui ou deixar de me mover, de ter projetos que me cansem e sobrecarreguem os meus pneus desgastados. Mas acontece que certa teimosia pessoal e sonhos mal compostos de uma futura e resplandecente bicicleta me mantêm sobre o selim.

Aniversário de nascimento ou de morte?

Enquanto são preparados extensos dossiês sobre os cinquenta anos da Revolução Cubana, poucos se perguntam se o que se celebra é o aniversário de um ser vivo ou simplesmente o de algo que deixou de existir. As revoluções não duram meio século, advirto aos que me perguntam. Elas terminam por devorar a si mesmas e por se excretar em autoritarismo, controle e imobilidade. Expiram sempre que tentam se tornar eternas. Falecem por querer se manter sem mudanças.

O que começou naquele 1º de janeiro já completou, na opinião de muitos, um bom número de anos debaixo da terra. A discussão parece estar em torno da data em que ocorreu o funeral. Para Reinaldo, a morte foi em agosto de 1968, quando o nosso barbado líder aplaudiu a entrada dos tanques em Praga. A minha mãe viu a Revolução agonizar enquanto ditavam a sentença de morte do general Arnaldo Ochoa. Março de 2003, com as suas detenções e julgamentos sumários, foi o estertor final ouvido por alguns obstinados que acreditavam que ela ainda vivia.

Eu a conheci cadáver, posso dizer. No ano de 1975 em que nasci, a sovietização tinha apagado toda a espontaneidade e nada restava da rebeldia evocada pelos mais velhos. Não havia mais cabelos compridos nem euforia popular, mas sim expurgos, moral dúbia e delação. Os escapulários com os quais eles tinham descido da montanha já estavam proscritos e aqueles soldados da Sierra Maestra estavam viciados no poder.

O resto foi o prolongado velório do que poderia ter sido, os círios accsos de uma ilusão que arrastou a tantos. Neste janeiro, a defunta faz um novo aniversário, haverá flores, gritos de viva e canções, mas nada vai conseguir tirá-la do panteão, fazê-la voltar à vida. Deixem que ela descanse em paz e vamos começar logo um novo ciclo: mais breve, menos retumbante, mais livre.

Yoani Sánchez

Breve encontro com Mariela

Para Miguel, que ainda sonha ser uma mulher social-democrata.

Ontem fui a uma conferência sobre sexualidade no Museu de Belas Artes. Já faz duas semanas que está ocorrendo um ciclo de arte erótica, acompanhado de filmes e debates. Bem nesta terça-feira era o momento de ouvir sobre o tema da incorporação dos transexuais à sociedade e dos preconceitos que ainda se revelam contra eles. No caminho para Alamar – onde por estes dias acontece o Festival de Poesia Sem Fim –, me incorporei ao semicírculo do antigo Centro Asturiano.

Depois da conferência, tive a oportunidade de fazer a Mariela Castro uma pergunta que me atormenta cada vez que ouço falar de tolerância com relação à preferências sexuais. Ainda não entendo o fato de aceitarmos o direito do outro de escolher com quem fazer sexo e, ao mesmo tempo, continuarmos nessa monogamia ideológica que nos impuseram. Se conceitos como "doente" já estão desterrados dos estudos sobre a homossexualidade, por que o adjetivo "contrarrevolucionário" continua sendo usado para os que pensam diferente? Para mim, é tão grave chamar alguém de "bicha" quanto dizer "verme" a um dissidente político.

Como hoje é o dia em que esses direitos teriam que estar no centro da atenção de todos, eu gostaria de mostrar um pequeno vídeo com o meu breve encontro com Mariela. Como o áudio está péssimo e nem todos poderão acessar o vídeo, trasncrevo o diálogo abaixo:

Mariela: Incluir as pessoas transexuais no que se entende como o direito. Não queremos mais do que isso.

Yoani: Eu gostaria de perguntar se toda essa campanha, essa luta que está sendo feita, de alguma maneira, a partir da própria sociedade para aceitar a preferência sexual, poderá em algum momento passar para outros papéis e se haverá também uma luta pela tolerância com outros aspectos como a opinião, as preferências políticas e ideológicas. Vamos sair também desses armários?

Mariela: Não sei, porque não trabalho nessa área. O campo ideológico e político está fora da minha responsabilidade. E acredito que estou fazendo o melhor que posso dentro do que sou capaz.

Yoani Sánchez

As árvores estão brotando

Dezembro começou com o precioso espetáculo de árvores de natal enfeitando as lojas, os hotéis e outros lugares públicos. Depois de vários anos nos quais elas se erguiam apenas nas salas de algumas casas, voltaram a brotar, e a sua neve salpicada contrasta com o sol lá de fora. Parece até que a proibição de colocá-las nas vitrines, nos saguões e nas cafeterias caducou ou que o atrevimento natalino nos levou a desconsiderá-la. Já vivemos – várias vezes – esse florescer que acaba esbarrando com o fio do machado quando alguém "lá de cima" assina uma circular banindo-as.

Na primeira vez em que vi uma dessas arvorezinhas carregadas, eu tinha 17 anos, a União Soviética havia ruído e ser ateu já estava fora de moda. Parada na entrada de uma igreja na rua Reina, não conseguia decidir se me aproximava do presépio e das bolas de vidro que pendiam dos ramos. As histórias do que tinha acontecido com aqueles que haviam sido repudiados por manter uma crença religiosa me retinha na porta. Boquiaberta diante do tamanho daquele pinheiro, rompi o temor e me aproximei da cálida cena da natividade.

Com a abertura das lojas em moeda estrangeira e o auge do turismo, as enfeitadas árvores se estenderam por todas as partes e o hotel Habana Libre chegou a ter a maior de toda a cidade. Os pais levavam os seus filhos para passear perto do verdor iluminado e sob a estrela que o coroava. Mas certos obstinados dotados de poder consideraram cada árvore uma derrota que era necessário reverter. Assim, tentaram nos devolver a chata paisagem daqueles dezembros dos anos 1970 e 1980, mas o prazer de pendurar as guirlandas já tinha arrastado alguns tantos.

Depois de vários anos sem ver o piscar das luzes nos locais públicos, neste final de ano somos surpreendidos pelo grato brotar de um bosque conhecido. Debaixo dos seus ramos, uma mulher embala o seu bebê, que não sabe ainda das proibições, das árvores proscritas nem das cruzes escondidas debaixo da camisa.

Um monossílabo extraviado

Um poema – nos anos 1990 – ironizava o desaparecimento de vários produtos agrícolas das mesas cubanas. O seu autor nunca assinou os simpáticos versos, mas o estilo mordaz apontava diretamente para um conhecido escritor. Eram os anos em que o

Came[1] havia rolado ladeira abaixo junto com o sistema agrícola socialista e os nossos umbigos se aproximavam – dolorosamente – da espinha. Os alimentos pareciam ter partido para o exílio, deixando-nos uma pungente recordação da sua maciez.

A batata-doce, a banana e a mandioca regressaram mais tarde, quando a explosão social de 1994 obrigou o governo a abrir os satanizados mercados livres. Encontramos sobre os seus estrados as variedades de tubérculos que haviam acompanhado assiduamente os pratos dos nossos avós, mas a um preço que não correspondia aos simbólicos salários que recebíamos. Ainda assim, eles estavam ali. Espremendo um tanto os bolsos, era possível conseguir um suave purê de mandioquinha, para iniciar um bebê na lide da comida.

Enquanto esses produtos nacionais regressavam, chegaram outros de fora para suplantar os locais. Nos hotéis começaram a ser compradas laranjas e mangas da República Dominicana, flores de Cancún e abacaxis de outras ilhas do Caribe. Nas cozinhas se tornou comum um extrato de limão importado para suprir o cítrico perdido, antes tão usado em molhos e marinadas. O açúcar foi trazido do Brasil e um pacote de cenouras congeladas era mais fácil de achar que as de tipo alongado que cresciam debaixo da nossa terra. Só a goiaba não encontrou concorrência nas desacertadas importações e se ergueu – dignamente – em substituição de todas as outras frutas perdidas.

O cúmulo aconteceu para mim há duas semanas, quando, ao receber a quota de sal que nos dão no racionamento, comprovei que ele vem do Chile. Não consigo conciliar os nossos 5.746 quilômetros de costas com esse pacote branco e azul transportado

169

do sul até aqui. Se o nosso mar continua tão salgado como sempre, o que foi que aconteceu para que os seus minúsculos cristais não cheguem mais ao meu saleiro? Não foi a natureza – não vamos jogar outra vez a culpa nela –, mas sim esse sistema econômico disfuncional, essa apatia produtiva e o tremendo desapreço por tudo o que é nacional que nos detém. Também não foi o bloqueio.

Agora, seria preciso refazer o sarcástico poema dos produtos extintos e lhe acrescentar um breve e extraviado monossílabo: sal.

A mandioca, que vinha da Lituânia;
a manga, doce fruto da Cracóvia;
o inhame, que é oriundo de Varsóvia;
e o café que é semeado na Alemanha.
A mandioquinha amarela da Romênia,
a batata-doce moldava a sua doçura,
da Libéria o sapoti com a sua textura,
e a banana verde cultivada pela Ucrânia.
Tudo isso falta e não por culpa nossa;
para cumprir com o plano alimentar
se trava uma batalha rude, intensa.
E já temos a primeira amostra
de que se faz o esforço necessário:
há comida na TV e na imprensa.

[1] N.T.: O Came, Conselho de Ajuda Mútua Econômica, foi fundado por Stalin em 1949 e chegou a ser composto por dez países membros, inclusive Cuba, que se incorporou a ele em 1972.

Yoani Sánchez

As reprimendas da quarta-feira

Nove da manhã e um oficial observa aborrecido a intimação que mostramos na porta da delegacia de 21 e C. Ele nos deixa esperando em uns bancos por volta de quarenta minutos, enquanto Reinaldo e eu aproveitamos para falar desses temas que a vertigem da vida cotidiana sempre nos impede de tratar. Às quinze para as dez levam o meu marido, perguntando antes se possui um telefone celular. Dez minutos depois o trazem de volta e me conduzem até o segundo andar.

O encontro é breve e o tom enérgico. Somos três no escritório e o que tem a palavra se apresentou como o agente Roque. Ao meu lado, o outro mais jovem me observa e diz que se chama Camilo. Ambos anunciam que pertencem ao Ministério do Interior. Não estão interessados em escutar, há um roteiro escrito sobre a mesa e nada do que eu faça pode distraí-los. São profissionais da intimidação.

O tema já era esperado: estamos próximos da data do encontro de blogueiros que, sem segredo nem publicidade, estivemos organizando desde meados do ano, e eles me comunicam que temos que suspendê-lo. Meia hora depois, quando já nos encontrávamos longe dos uniformes e das fotos de líderes nas paredes, reconstruímos aproximadamente as suas palavras:

Queremos advertir que você transgrediu todos os limites de tolerância com a sua aproximação e o seu contato com elementos da contrarrevolução. Isso a desqualifica totalmente para dialogar com as autoridades cubanas.
A atividade prevista para os próximos dias não pode ser realizada.
Da nossa parte, tomaremos todas as medidas e faremos as denúncias pertinentes e as ações necessárias. Essa atividade, no momento vivido pela Nação, de recuperação dos furacões, não será permitida.

Roque termina de falar – quase aos gritos – e eu aproveito para perguntar se ele pode me dar tudo isso por escrito. O fato de ser uma blogueira que exibe o nome e o rosto me fez acreditar que todos estão dispostos a mostrar a sua identidade junto com o que dizem. O homem perde o ritmo do roteiro – não esperava essas minhas manias de bibliotecária que guarda papéis. Ele deixa de ler o que estava escrito e grita mais forte que "eles não são obrigados a me dar nada".

Antes de me expulsarem do lugar com um "retire-se, cidadã", consegui dizer que não podem assinar o que me disseram porque não têm coragem para isso. A palavra "covardes" é lançada quase com uma gargalhada. Desço a escada e ouço o ruído das cadeiras que são ajeitadas no seu lugar. A quarta-feira terminou cedo.

Sobre o telhado de vidro

Reinaldo Escobar

O ex-presidente Fidel Castro acaba de publicar o prólogo do livro *Fidel, Bolivia y algo más*, no qual desqualifica o blog *Generación Y* que minha esposa, a blogueira Yoani Sánchez, mantém na internet. Desde o primeiro dia, ela colocou à vista dos leitores seu nome, sobrenome (que ele omite) e uma foto para assinar os textos que escreve com o único propósito, repetidas vezes confessado, de vomitar tudo o que na nossa realidade lhe provoca náuseas.

O ex-presidente desaprova que Yoani tenha aceito o prêmio Ortega y Gasset de jornalismo digital deste ano, argumentando que se trata de algo que o capitalismo propicia para mover as águas do seu moinho.

Reconheço o direito que tem esse senhor de fazer esse comentário, porém me permito observar que a responsabilidade que implica receber um prêmio nunca será comparável à de outorgá-lo; e Yoani, pelo menos, nunca colocou no peito de nenhum corrupto, traidor, ditador ou assassino nenhuma condecoração.

Faço este esclarecimento porque me lembro perfeitamente que foi o autor dessas acusações quem colocou (ou ordenou que colocassem) a Ordem José Martí em quantas nefastas e imerecidas lapelas lhe foi possível: Leonid Ilitch Brejnev, Nicolau Ceausescu, Todor Yivkov, Gustav Husak, János Kádár, Mengistu Haile Mariam, Robert Mugabe, Heng Samrin, Erich Honecker e outros que esqueci. Gostaria de ler, à luz dos tempos atuais, uma reflexão que justificasse aquelas honrarias improcedentes que, para mover água de outros moinhos, enlodaram o nome de nosso apóstolo.

É certo que o nome do filósofo Ortega y Gasset pode estar relacionado com ideias elitistas e até reacionárias, mas pelo menos, ao contrário dos condecorados pelo autor do prólogo, nunca jogou os tanques contra seus vizinhos inconformados, nem construiu palácios, nem encarcerou nenhum dos que pensavam diferente dele, nem deixou na mão seus seguidores, nem amealhou fortunas com a miséria de seu povo, nem construiu campos de extermínio, nem deu a ordem de disparar contra os que – para escapar – saltaram o muro de seu quintal.

O tempo e o espaço da Cuba de Yoani

Demétrio Magnoli

Um blog é, em princípio, a opinião de uma só pessoa. O impacto de um blog se mede pela quantidade de visitas e comentários que recebe: a comunidade de opinião configurada ao seu redor. *Generación Y*, o blog de Yoani Sánchez, nasceu em abril de 2007. Um ano depois, foi agraciado com o prêmio Ortega y Gasset de jornalismo digital concedido pelo grupo espanhol Prisa e a revista *Time* relacionou a blogueira cubana entre as cem pessoas mais influentes do mundo no ano anterior.

Por essa época, uma rede de colaboradores voluntários já o traduziam em inúmeras línguas e logo ele seria lido até em chinês, japonês, búlgaro, finlandês e húngaro. Em janeiro de 2009, o blog multilíngue atingiu a marca de 14 milhões de visitas. Então, a *Time* e a CNN listaram *Generación Y* entre os 25 blogues mais importantes do mundo. Um blog como esse continua a ser a opinião de uma só pessoa. Mas, ao mesmo tempo, converte-se em algo como um relevo na planície: a marca incontornável de uma paisagem política e intelectual.

Nos posts de Yoani em língua espanhola há centenas, muitas vezes milhares, de comentários. Quase todos originam-se do exterior, em geral de cubanos residentes nos EUA, na Espanha e em tantos outros países, pois na ilha da blogueira a internet está ao alcance de apenas cerca de 2% da população. (A fonte da limitação é política, não socioeconômica: no Haiti, 11% das pessoas têm acesso à rede.) E, contudo, cópias do que Yoani escreve no blog circulam furtivamente entre seus concidadãos em CDs gerados por computadores em Cuba ou no exterior, num movimento curioso de replicação da mídia moderna na arcaica com a finalidade de circundar os censores do ciberespaço.

Yoani foi a pioneira, mas não está só. Sob a inspiração de *Generación Y*, surgiram diversos blogueiros independentes que compartilham a plataforma multimídia *Voces Cubanas*, aberta a adesões. Todos os 18 autores dos novos blogues fazem como Yoani, escrevendo com seus nomes próprios e aceitando as incertas consequências de seus atos. Mas eles não pretendem ostentar um programa comum, para além da tácita reivindicação do direito de expressar uma opinião livre, que por si mesma representa um desafio existencial à ditadura cubana.

Um dos 18 é o jornalista Reinaldo Escobar, marido de Yoani. Como vinheta de seu blog, o *Desde aquí*, encontra-se a foto em preto e branco do vulto de um homem que pedala sozinho sua bicicleta numa rua de Havana. A imagem sintetiza o que todos eles almejam: representar apenas a si próprios no palco em construção de um intercâmbio intelectual entre indivíduos e cidadãos.

Há, contudo, um traço estilístico comum aos blogues surgidos no rastro de *Generación Y*. Fora de Cuba, os blogueiros que fazem jornalismo digital tendem a produzir comentários "nervosos", colados às notícias da hora. No *Voces Cubanas*, pelo contrário, desenvolve-se um estilo singular, de crônicas do cotidiano. A diferença não decorre de uma opção, mas das condições impostas por um regime que traça um círculo de giz em torno do acesso à internet, reservando-o às autoridades e aos funcionários de confiança do poder. Como Yoani, os demais blogueiros independentes têm apenas um acesso precário à rede. Eles adicionam posts quando conseguem burlar as restrições e blogam às cegas, pois não podem ler seus próprios blogues. Paradoxalmente, fruto disso são textos refletidos e bem cuidados, muito pessoais, focados nos itinerários reais e imaginários do dia a dia de seus autores.

Generación Y tem um compromisso singular com um "tom de voz pluralista, respeitoso e sério". Não se trata de uma preferência genérica pela civilidade, mas de uma tomada de posição. Yoani identifica numa cultura política de "violência verbal" um traço essencial do regime cubano. Os gritos dos líderes nos palanques, as palavras de ordem repetidas em comícios compulsórios, as expressões vulgares de rechaço à opinião divergente, as qualificações ofensivas lançadas contra os críticos – tudo isso está no âmago do autoritarismo castrista. O sistema político de Cuba precisa da adesão incondicional – e se nutre do ódio igualmente irrestrito emanado de líderes opositores emigrados. A mudança que a blogueira persegue passa pelo aprendizado de uma linguagem despida de rancor, capaz de servir como veículo para a troca de ideias numa sociedade tolerante.

FAROL E FORTALEZA

Os símbolos de Havana são o Castelo dos Três Reis do Morro, uma fortaleza colonial erguida em 1589 na entrada da baía, e o farol do Morro, instalado no seu interior quase três séculos depois, com sua bela cúpula metálica octogonal, que emite flashes luminosos a intervalos de 15 segundos. As metáforas do farol e da fortaleza pontuam as duas etapas básicas da história recente de Cuba, cujo ponto de partida é a tomada do poder por Fidel Castro, nos primeiros dias de 1959.

A blogueira de *Generación Y* nasceu em setembro de 1975, em Centro Habana, filha de um casal de trabalhadores que acreditaram, como tantos cubanos, nas promessas da revolução castrista. Naquele ano, Cuba já era descrita e imaginada como uma fortaleza indômita, submetida ao assédio da potência imperial americana. O mito da fortaleza, que perdura até hoje e está associado à figura de Fidel Castro, foi fabricado como narrativa substituta, tomando o lugar do mito original da Revolução Cubana, que se associava principalmente à figura de Che Guevara. No começo, Cuba era uma luz de orientação, não uma casamata: uma plataforma de exportação da revolução, não uma praça sitiada e rodeada por muralhas de pedra.

Sob Joseph Stalin, o comunismo abdicou do internacionalismo, amansando-se na defesa do cânone soviético: o "socialismo num só país". Nikita Kruschev não contestou o cânone stalinista, mas antes o petrificou embaixo da lápide da "coexistência pacífica". Não era casual que o Partido Comunista de Cuba, fiel a Moscou, tratasse os guerrilheiros da Sierra Maestra, organizados no Movimento 26 de Julho, como aventureiros ou provocadores. Mesmo assim, Fidel e Che fizeram sua revolução e, nos primeiros anos, estimularam os grupos que se engajavam na difusão de "focos" guerrilheiros pelas Sierras Maestras da América Latina.

A fonte do internacionalismo começou a secar entre a fracassada invasão da Baía dos Porcos (1961) e a Crise dos Mísseis (1962). O episódio da Baía dos Porcos aconteceu em abril. Três meses depois, o Movimento 26 de Julho fundiu-se com o antigo partido comunista, num gesto sobretudo simbólico que assinalou o alinhamento do regime castrista às estratégias de Moscou. Mas a tensão não podia ser dissolvida e expressou-se no misterioso "desaparecimento" de Guevara, que renunciou a seu cargo no governo cubano em março de 1965 para emergir no Congo, como guerrilheiro, e depois na Bolívia, à frente de um "foco" condenado a se extinguir em tragédia.

Che Guevara morreu em outubro de 1967, em La Higuera, na savana oriental boliviana, executado pelo sargento Mario Terán. Dez meses depois, dois mil tanques de quatro países do Pacto de Varsóvia rolaram pela fronteira da Tchecoslováquia para destruir a Primavera de Praga, a efêmera abertura política que prometia o advento de um "socialismo de face humana". Fidel Castro, desde Havana, saudou a invasão soviética do país rebelado, salgando as expectativas dos muitos que insistiam em distinguir os dirigentes cubanos da URSS de Leonid Brejnev. Os dois eventos, separados por meio mundo mas tão próximos no tempo, apagaram o farol mítico da Revolução Cubana.

A narrativa da fortaleza sitiada é a do "socialismo numa só ilha". A sua propaganda das "conquistas revolucionárias" canta odes à saúde e à educação "socialistas", selecionando estatísticas que parecem desvelar verdadeiros milagres. Na tradução oferecida por intelectuais de esquerda não tão alinhados a ponto de subscrever os atos de violência do regime, o mito da fortaleza apresenta-se como uma teoria política da ditadura benigna. O autoritarismo existe e nós lamentamos, mas ele fornece vacinas, hospitais, médicos, calçados, alimentos, professores e livros para um povo que escapou à miséria geral latino-americana – dizem-nos esses áulicos moderados.

A paisagem social da Cuba castrista jamais se assemelhou à rósea pintura que dela foi feita. Contudo, Yoani viveu sua infância numa relativa e precária "idade de ouro": um tempo em que hospitais, postos de saúde e escolas contavam com recursos básicos e as cartelas de racionamento abrangiam todos os itens vitais de alimentação e higiene pessoal. Por trás da bonança, encontravam-se as relações de dependência com Moscou inscritas na geopolítica da Guerra Fria.

O embargo econômico dos EUA, ensaiado em 1960 e estabelecido inteiramente com a Crise dos Mísseis, tivera como contrapartida o acordo de intercâmbio de açúcar cubano por combustíveis soviéticos. Na prática, o acordo implicava a transferência de um bilhão de dólares por ano para a ilha caribenha. Entre 1960 e 1974, os déficits comerciais crônicos de Cuba foram cobertos por um total de quase 4 bilhões de dólares em subsídios fornecidos pela URSS. Em 1972, Cuba associou-se ao Comecon, a organização de comércio administrada do bloco soviético. Em 1976, um novo acordo de exportação de açúcar fixou um valor para o produto cubano cinco ou seis vezes maior que os preços praticados no mercado mundial. O comércio com a URSS saltou de 45% do total, antes de 1975, para 60% na década seguinte. Naquela "idade de ouro", os subsídios soviéticos, diretos e indiretos, nunca representaram menos de um décimo do PIB cubano.

Mitos são ferramentas políticas poderosas. O mito da fortaleza sitiada ganhou densidade com a suspensão de Cuba da Organização dos Estados Americanos (OEA), em janeiro de 1962, e com a a ruptura completa do comércio com os EUA. Numa praça forte sob assédio do inimigo, divergir equivale a trair – essa mensagem converteu-se no núcleo da argumentação oficial que legitima a supressão do direito à opinião. A voz dissonante foi identificada à quinta-coluna e o crítico, ao agente estrangeiro infiltrado. *Gusano* é o termo genérico usado em espanhol para nomear vermes e larvas. A Cuba castrista adotou-o como insulto lançado amplamente contra a dissidência política interna e externa. Quando Yoani deplora a "violência verbal" do regime, é a isso que ela faz referência.

O mito do farol apagou-se, mas não desapareceu por completo, subsistindo nos interstícios do mito predominante. A sua permanência expressa-se pela figura de Che Guevara, quase onipresente na iconografia oficial cubana. O líder revolucionário, imortalizado na consagrada foto de Alberto Korda, que fixou o paralelismo com Jesus Cristo, condensa a simbologia do martírio pela causa. "Ser como o Che" é o chamado do regime cubano às crianças e jovens, cujos ecos invadem as escolas e atividades sociais.

O lugar simbólico ocupado por Che Guevara esmaga a investigação histórica sobre temas cruciais da Revolução Cubana. Não conhecemos, tanto tempo depois, as circunstâncias da renúncia de Che a seus cargos governamentais. As inúmeras biografias, de qualidade tão distinta, não esclarecem de modo cabal se o "desaparecimento" do poderoso ministro da Indústria, diplomata e comandante militar decorreu de um acordo secreto ou de uma ruptura política com Fidel Castro. O passado recente de Cuba continua soterrado debaixo dos detritos da verdade oficial. A busca de uma verdade histórica constitui, tanto quanto a crítica, um ato de traição. O blog de Yoani não pode ajudar na reconstituição da trajetória política de Cuba. Mas oferece pistas preciosas sobre a memória histórica dos cubanos comuns – pessoas cujas vidas foram moldadas por uma causa que não é deles.

UMA NAÇÃO DIVIDIDA

A população cubana gira ao redor de 11,5 milhões de habitantes. Segundo uma pesquisa censitária, os EUA abrigavam, em 2007, cerca de 1,6 milhão de residentes de origem cubana, dois quintos dos quais nasceram em território americano. A diáspora cubana no outro lado do estreito da Flórida representa, portanto, quase 14% da população de Cuba. Ainda na infância, Yoani internalizou a percepção de uma nação dividida pela ideologia e pela geografia.

As revoluções, proverbialmente, sacrificam os revolucionários no altar do novo poder que se consolida. A fronteira de divisão da nação cubana passou também no meio dos antigos guerrilheiros de Sierra Maestra e dos intelectuais que neles depositaram suas esperanças. A lenda que envolve a morte de Camilo Cienfuegos e as histórias de Huber Matos e Guillermo Cabrera Infante ilustram o fenômeno.

Camilo Cienfuegos ingressou na cena política como estudante seduzido pelo anarquismo, embarcou com os Castros no iate Granma e comandou a coluna guerrilheira vitoriosa na Batalha de Yaguajay, uma das poucas verdadeiras refregas da campanha revolucionária. Muito popular e querido, foi feito chefe das forças armadas, mas logo substituído por Raúl Castro, talvez porque emergisse como uma sombra para Fidel. Em outubro de 1959, deslocou-se para Camaguey e, cumprindo ordens do líder, deu voz de prisão a seu companheiro e amigo Huber Matos. Em seguida, provavelmente com um gosto amargo na boca, embarcou no avião que o levaria de volta a Havana.

O Cessna bimotor nunca chegou ao destino e seus destroços não foram encontrados. A versão canônica de um acidente aéreo não tem indícios materiais que a contrariem. Contudo, até hoje difunde-se, em cada esquina de Cuba, uma narrativa conspiratória segundo a qual o que houve foi um assassinato, a mando dos poderosos irmãos. A força da lenda atesta um curioso efeito da supressão sistemática da liberdade de pensamento sobre a percepção pública dos eventos históricos. Paralelamente, evidencia a distância entre os cidadãos e o poder estatal. O Camilo das ruas é um herói trágico, que sucumbiu apunhalado pelas costas. O Camilo oficial é um revolucionário leal e um mártir: todos os anos, no

28 de outubro, as crianças são conduzidas a lançar flores ao mar em homenagem ao comandante caído.

Huber Matos não embarcou no Granma, mas voou da Costa Rica à Sierra Maestra com um carregamento de armas para os revolucionários e liderou uma das colunas que entraram triunfantes em Havana. Nomeado comandante militar da província de Camaguey, o democrata liberal alarmou-se com a guinada de Raúl e Che na direção dos comunistas e, por duas vezes, ofereceu a Fidel sua renúncia. A primeira foi recusada. A segunda, aceita junto com a ordem de prisão que seria executada por um constrangido Camilo.

Um tribunal militar de fancaria, cuidadosamente organizado por Raúl, declarou Matos culpado de traição e sedição. A sentença, de 20 anos, foi cumprida integralmente. No total, o dissidente passou 16 anos em confinamento solitário. Ganhou a liberdade em 1979, pouco depois de Yoani apagar quatro velinhas, e comemorou seus 61 anos com a esposa e os filhos, na Costa Rica, antes de seguir para o exílio em Miami.

Cabrera Infante, filho de fundadores do Partido Comunista de Cuba, nunca esteve na Sierra Maestra. Ensaísta e escritor, brevemente encarcerado pela ditadura de Fulgêncio Batista, foi nomeado diretor do Instituto do Cinema pelos Castros triunfantes, mas logo afastou-se do novo regime. O estopim da ruptura foi uma crítica ao veto oficial de um documentário de seu irmão sobre a vida noturna de Havana, que lhe valeu a proibição de publicação em Cuba, em 1961. Ele ainda serviu como adido cultural em Bruxelas, antes de se decidir pelo exílio na Europa, em 1965. O autor de *Três tristes tigres*, um experimento literário perpassado de gíria cubana, também publicou a coleção de ensaios políticos *Mea Cuba*, articulada em torno dos temas do exílio, da alienação e da perda.

Entretanto, para Yoani, como para tantas crianças da sua idade, uma consciência nítida da divisão dos cubanos emergiu com a crise dos refugiados de Mariel, entre abril e outubro de 1980, quando 125 mil pessoas atravessaram o estreito da Flórida em barcos precários. O episódio foi deflagrado pela invasão da embaixada peruana em Havana por cinco indivíduos que tentavam desesperadamente emigrar. A notícia, espalhada de boca em boca, levou uma multidão de 10 mil a se aglomerar nos salões e no jardim da embaixada, solicitando asilo. O regime cubano reagiu abrindo o porto de Mariel à emigração.

O governo de Jimmy Carter, nos EUA, que mantinha uma política de conceder vistos e cidadania a refugiados de Cuba, não podia se opor ao fluxo inesperado, esmagador. Manipulando a crise, Fidel Castro determinou que um grande número de criminosos comuns e pacientes de instituições psiquiátricas fossem conduzidos a Mariel e embarcados compulsoriamente. Os "marielitos" deviam carregar a pecha de escória, como a eles se referia o ditador em comícios e discursos na TV. O êxodo em massa encerrou-se com um acordo de emigração limitada firmado entre Havana e Washington.

A vasta maioria dos que deixaram Cuba naqueles meses era constituída por emigrantes econômicos comuns, que se integraram à comunidade diaspórica na Flórida. Mas o rótulo pregado a eles fixou-se no imaginário dos cubanos – e também dos americanos. O filme *Scarface*, de 1983, escrito por um Oliver Stone fascinado pelo castrismo, conta a história fictícia de Tony Montana, um refugiado de Mariel que se torna o chefão da rede de comércio de cocaína articulada no submundo de Miami.

Havana e Miami estão separadas por menos de 370 quilômetros, mas por um oceano de rancores endurecidos ao longo de meio século. No *Generación Y*, Yoani sugere que o ódio mútuo pertence aos líderes políticos, da ilha e da comunidade no exílio, não às pessoas comuns. Os cubanos dos dois lados mantêm laços de parentesco e de amizade, relacionam-se pelas infrequentes visitas dos exilados e, sobretudo, partilham uma cultura popular comum. A blogueira acredita na reconciliação nacional de Cuba, um evento que retiraria das duas cidades o estatuto de ícones ideológicos, rebaixando-as a simples lugares geográficos.

Não é uma atitude que a torne especialmente querida entre líderes aferrados à lógica da confrontação. Previsivelmente, o regime cubano aponta um dedo acusador para Yoani e os demais blogueiros independentes – e seus acólitos asseguram que eles representam uma versão renovada da quinta-coluna, agindo sob o comando da CIA. De modo simétrico, os chefes da facção mais belicosa em Miami, descontentes com a perda da antiga hegemonia sobre a dissidência, espalham o boato fantástico de que os blogueiros são peões de um jogo controlado pela Direção Geral de Inteligência (DGI), o serviço secreto do Ministério do Interior dos Castro.

AS ILUSÕES PERDIDAS

Os regimes autoritários "normais" conjugam, antes de todos, o verbo proibir, que se desdobra numa coleção de similares: calar, impedir, cercear, amordaçar. A Cuba castrista faz parte de uma família distinta de autoritarismos, que almeja fabricar o "Homem Novo". O poder de estado em Cuba proíbe quase tudo, mas seu verbo de escolha é outro: doutrinar. Trata-se de moldar as ideias, alinhar as consciências, ensinar a pensar segundo a "linha justa", que é a do Partido.

O Partido, assim com maiúscula, figura como ente de consciência coletiva, um guia infalível que abre à nação as veredas do futuro. O papel de condutor não pode ser desempenhado sem a mediação de organizações sociais, criadas e dirigidas pelo próprio Partido. Essa é a fonte dos sindicatos, das associações profissionais, das entidades científicas e culturais, das ligas de jovens e dos inefáveis Comitês de Defesa da Revolução (CDRs), uma rede de organizações de bairro definida por Fidel como um "sistema coletivo de vigilância revolucionária".

O totalitarismo é o regime que borra os limites entre a vida pública e a vida privada de modo a fazer a política oficial gotejar no interior das casas, dos locais de trabalho e das escolas, todo o tempo. A intrusão permanente se faz por mecanismos de incentivo e punição que abrangem a posse de bens materiais, o acesso a serviços e a oportunidades acadêmicas ou profissionais, a chance de obter vistos de viagem ao exterior. "Ser como o Che" significa viver para a Revolução – isto é, falar e calar segundo as conveniências do poder. Yoani experimentou o sistema desde a primeira adolescência, como agora acontece com seu filho Teo.

Cuba desempenhou funções estratégicas na geopolítica africana da Guerra Fria, participando decisivamente na guerra civil de Angola entre o pró-soviético MPLA e a Unita, sustentada por EUA,

China e África do Sul. Ao longo de 13 anos, até 1988, o pequeno país caribenho funcionou como núcleo do esforço militar do MPLA. Em 1982, 35 mil cubanos operavam em Angola, dos quais 27 mil eram combatentes. No final do período, o contingente atingiu 50 mil. Em troca do envolvimento, Cuba recebia algo entre 300 e 600 milhões de dólares anuais, oriundos das rendas petrolíferas do governo angolano. Ironicamente, as principais missões cumpridas pelos cubanos não foram no front de combate, mas na retaguarda, protegendo instalações críticas, como o complexo de refino da petrolífera americana Chevron no enclave de Cabinda.

No total, cerca de 400 mil soldados, assessores e trabalhadores cubanos engajaram-se no conflito angolano, deixando vítimas fatais estimadas em 10 mil. Proporcionalmente, são números muito superiores aos do engajamento americano no Vietnã. As tragédias e a dor da aventura angolana circulam nas veias da sociedade cubana, mas nunca puderam emergir na imprensa, na literatura ou no cinema. Yoani chegou à adolescência na hora em que a longa guerra externa produzia todo o seu impacto em Cuba. Naquela mesma hora, enquanto ruía o bloco soviético no Leste Europeu, o regime castrista condenava e executava um aclamado "Herói da Revolução".

O general Arnaldo Ochoa, um veterano de Sierra Maestra e amigo de Raúl Castro, integrou o Comitê Central do Partido Comunista Cubano durante duas décadas, recebeu treinamento militar avançado na Academia Frunze, na URSS, e distinguiu-se na fase inicial do engajamento de Cuba em Angola. Em seguida, comandou as forças expedicionárias cubanas na Etiópia, obtendo sucessos impressionantes em combate contra a Somália. Já na condição de personagem quase lendário, em 1984, recebeu de Fidel o título de Herói da Revolução. Apenas cinco anos depois, foi preso em Havana, junto com outros três oficiais militares, sob as acusações de corrupção e tráfico de drogas.

O julgamento, num tribunal militar, foi televisionado com um dia de atraso. Diante das câmeras, um Ochoa alquebrado admitiu todos os crimes que lhe imputavam e prometeu que "meu último pensamento será para Fidel". No 12 de julho de 1989, o escritor Norberto Fuentes, por muito tempo um amigo íntimo de Fidel, escreveu: "A Revolução Cubana acaba pouco antes das 2h". Era a hora da execução do herói caído. Naquele dia, muros de Havana amanheceram pichados com a inscrição "8A". Anos mais tarde, o próprio Fuentes tentou fugir da ilha, fez uma greve de fome de 23 dias e obteve um visto de saída definitiva. Nos EUA, diagnosticou: "Castro fez aquilo como forma de dizer aos seus generais: Tomem cuidado, porque eu matarei".

A Revolução dos Cravos, do 25 de abril de 1974, em Portugal, foi feita pela oficialidade militar que voltava das prolongadas guerras africanas. Fidel tinha a sua própria África: um país traumatizado pela guerra angolana e um alto comandante militar com o estatuto de herói nacional. Pouco se sabe, além de rumores, sobre o que pensavam e faziam às escuras os oficiais do grupo de Ochoa. Armava-se uma conspiração militar? Ou a trama não passou de uma criação da paranoia de Fidel, que pouco ficava a dever à de Stalin? Qualquer que seja a verdade, quase ninguém, dentro ou fora de Cuba, acreditou no veredito de um tribunal carente de independência.

Yoani tinha 14 anos no dia da execução de Ochoa. No mês seguinte, na Polônia, tomava posse o primeiro chefe de governo não comunista em 42 anos e a Hungria abria a sua fronteira com a Áustria. O Muro de Berlim logo deixaria de existir. Uma coisa que Yoani não ficou sabendo, na ocasião, é que, em dezembro do ano anterior, a direção do jornal cubano *Juventud Rebelde* demitira um jornalista culpado de desvio ideológico. Era Reinaldo Escobar, a quem comunicaram que não mais poderia exercer sua profissão na imprensa do país.

SOB O SIGNO DO MALECONAZO

A URSS desapareceu em dezembro de 1991. Então, Cuba ingressou no túnel escuro do "Período Especial", o eufemismo usado pelo regime para descrever a profunda depressão econômica causada pela ruptura das relações de comércio administrado do Comecon e, sobretudo, pela extinção dos subsídios soviéticos.

A varinha mágica que conservava a estabilidade social perdeu seus poderes encantatórios. Cuba passou a sofrer restrições severas de acesso aos combustíveis e suas ruas esvaziaram-se de veículos. O subsídio estatal aos calçados infantis foi extinto. Os serviços de saúde debilitaram-se por falta de remédios e materiais básicos, deterioração de equipamentos e transferência de pessoal especializado para o setor de turismo ou a informalidade. A prostituição escancarou-se diante dos hotéis. A paralisia de setores inteiros da economia refletiu-se nas cartelas de racionamento, que minguaram até limites dramáticos, e num súbito aumento da mortalidade entre os idosos. Comia-se pouco, e mal. Gatos domésticos foram sacrificados para amainar a fome. Vacas leiteiras foram abatidas ilegalmente, mesmo sob risco de punições drásticas.

O sistema ferroviário cubano, como quase todos os setores baseados em equipamentos industriais pesados, que eram importados do Comecon, entrou em colapso logo no início da depressão. Willy, o pai de Yoani, perdeu seu emprego de maquinista de trem e passou a consertar bicicletas. Naquela década, enquanto milhares de cubanos embarcavam em balsas improvisadas e aventuravam-se pelas águas do estreito da Flórida, a futura blogueira cursou a faculdade, encontrou-se com Reinaldo Escobar e teve seu filho. Ela ingressou no Instituto Pedagógico em 1993 e dois anos depois transferiu-se para a Faculdade de Artes e Letras. Novas dissidências internas, descoladas das lideranças da comunidade no exílio de Miami, surgiram em meio à depressão.

O poeta e jornalista Raúl Rivero, um antigo castrista ardente, o "Poeta da Revolução" nos anos 1970, abandonou a União Nacional dos Escritores e Artistas, assinou a "Carta dos dez intelectuais", que pedia a libertação dos presos de consciência, e fundou a Cuba Press, uma agência noticiosa independente. Vladimiro Roca, veterano da guerra angolana e filho do fundador do antigo Partido Comunista de Cuba formou um partido social-democrata ilegal e enviou à Assembleia Nacional uma petição em favor dos direitos humanos e da democracia. Oswaldo Payá, um dos fundadores do ilegal Movimento de Libertação Cristão, em 1988, tentou obter o direito de se candidatar à Assembleia Nacional e acabou criando o Projeto Varela, que coletou milhares de assinaturas por um referendo de introdução das liberdades civis e políticas.

A tensão social insuportável eclodiu no Maleconazo, a 5 de agosto de 1994, um dia definidor na vida de Yoani e de incontáveis jovens cubanos. O Malecón é a esplanada costeira que se estende desde a baía de Havana até o bairro do Vedado, ao longo de oito quilômetros. Construído em etapas, a partir de 1901, tornou-se lugar de encontro de amigos e passeio de namorados nos entardeceres e noites da cidade. O maior protesto popular contra o regime castrista iniciou-se pela difusão de boatos de que as balsas para Regla, um pequeno núcleo urbano no outro lado da baía, haviam sido sequestradas e rumariam para a Flórida. Logo, centenas de pessoas aglomeraram-se nos arredores do embarcadouro e foram reprimidas por brigadas da segurança interna.

A repressão atraiu mais gente e ouviu-se um coro cada vez mais alto de protestos. "Liberdade, sim; Castro, não", gritavam os manifestantes, num desafio inédito ao regime. O confronto estendeu-se e lançaram-se pedras e ferragens de edifícios arruinados contra os policiais. Fidel em pessoa deslocou-se, num jipe militar com escolta, até o Malecón. O gesto surpreendente, acompanhado pela mobilização de fiéis do Partido nas ruas, colocou um fim nos distúrbios.

O episódio do Maleconazo deu impulso a um programa de reformas econômicas que não duraria muito. Legalizou-se a posse de dólares e estabeleceram-se as *tiendas*, lojas estatais que vendiam em dólares. Permitiu-se, sob uma série de condições restritivas, a abertura de pequenos empreendimentos por conta própria, notadamente restaurantes (*paladares*). Criaram-se os *kiosks*, feiras livres de venda direta de produtos agrícolas. Em janeiro de 1998, o papa João Paulo II visitou Cuba durante cinco dias, encerrados por uma missa apoteótica na Praça da Revolução. Na chegada, do aeroporto José Martí, uma linha singela do breve discurso transmitido por rádio e TV ecoou como o programa de uma nova revolução: "Vocês são, e devem ser, os principais sujeitos das suas próprias histórias, pessoal e nacional".

No início do novo século, encerrou-se a depressão econômica e iniciou-se um ciclo de forte crescimento, impulsionado por fatores geopolíticos e comerciais. O lugar da URSS, vago por dez anos, foi ocupado pela Venezuela de Hugo Chávez, uma potência muito menor, mas cheia de ambições. O caudilho "bolivariano" estabeleceu uma cooperação estreita com Fidel, que funcionou como plataforma para o lançamento da Aliança Bolivariana das Américas (Alba). A estatal petrolífera venezuelana começou a fornecer combustíveis a preços subsidiados para Cuba e, em contrapartida, médicos cubanos foram enviados à Venezuela para servir nos programas sociais chavistas. Ao mesmo tempo, com o aumento vertiginoso da demanda mundial e dos preços dos minérios, as exportações de níquel aliviaram a carência de divisas na ilha caribenha.

A bonança econômica foi vista pelo regime castrista como oportunidade para retroagir nas tímidas reformas internas. Cansada de seu país, Yoani emigrou para a Suíça em 2002. No curto exílio voluntário, trabalhou no site de uma livraria e apaixonou-se pela internet, um universo sem muros, autoridades implacáveis ou censura. De longe, acompanhou a "Primavera Negra" cubana de 2003, quando a mão pesada do poder desceu sobre os dissidentes com uma violência que assustou até mesmo alguns defensores quase incondicionais do castrismo.

CENÁRIOS EM RUÍNAS

"As palavras da lei sobre a proteção da independência nacional e da economia de Cuba permitem às autoridades de meu país condenar-me por um único ato soberano que realizei desde que tenho uso da razão: escrever sem receber ordens." Assim começava o "Monólogo de um culpado", um artigo de Raúl Rivero publicado no exterior, em 2001.

No dia 9 de abril de 2003, Rivero foi submetido a uma farsa judicial e condenado a 20 anos de prisão. Junto com ele, outros 74 dissidentes foram condenados por um tribunal cubano a penas que variavam de 6 a 28 anos de prisão. Seus crimes: escrever, falar, emitir opiniões políticas. No dia 11 de abril, após rito sumário de julgamento, Cuba fuzilou três sequestradores de uma balsa que não haviam ferido ninguém, com a qual tentavam atingir a Flórida e pedir asilo político.

Então, o escritor comunista português José Saramago publicou um manifesto de ruptura com Cuba. Seu gesto mais que tardio deu uma contribuição para libertar a esquerda da cumplicidade com o desprezo pelos direitos humanos e pelas liberdades políticas. "Cuba não ganhou nenhuma heroica batalha fuzilando aqueles três homens, mas, sim, perdeu minha confiança, arrasou minhas esperanças e frustrou minhas ilusões", escreveu o Nobel de Literatura de 1998. O escritor uruguaio Eduardo Galeano também repudiou as execuções e condenações, num texto publicado por um jornal de esquerda brasileiro ao lado de um artigo pusilânime de Emir Sader, que se solidarizava com os fuziladores.

A "Primavera Negra" foi o estopim para o surgimento do grupo Las Damas de Blanco, formado por esposas e parentes de prisioneiros de consciência que se manifestam pela libertação de seus entes queridos. Aos domingos, elas comparecem à missa na igreja de Santa Rita, em Havana. Depois, vestidas de branco, caminham silenciosamente pelas ruas. O movimento inspira-se no exemplo das Mães da Praça de Maio, mas não conta com a repercussão que conseguiram as argentinas, pois falta-lhes o apoio da maior parte da intelectualidade de esquerda na América Latina.

Se um cidadão cubano sem uma autorização especial fica fora do país por mais de 11 meses, perde o direito de retorno, convertendo-se essencialmente num apátrida. Yoani retornou a Cuba em 2004, em tese para uma breve visita aos pais. Em Havana, destruiu seu passaporte, a fim de evitar ser colocada no voo de volta para a Suíça. Junto com Reinaldo Escobar, ajudou a criar a revista digital *Consenso*, ligada ao Arco Progressista, uma corrente ilegal de oposição moderada. Pouco mais tarde, em nome da autonomia de pensamento, trocou o projeto pelo portal *DesdeCuba.com*, o chão onde germinariam os blogues independentes. A família de Yoani estabeleceu-se em Centro Habana, o bairro popular da capital onde vivera com os pais na infância e adolescência.

Fomento de Obras Públicas y Construcciones, Sociedade Anónima (Focsa): o edifício mais alto de Havana, inspirado nas ideias de Le Corbusier e considerado uma das maravilhas da engenharia civil cubana, é conhecido pelas iniciais da companhia que o construiu. Inaugurado em 1956, com 36 andares que o tornavam o segundo maior edifício de concreto armado do mundo à época, foi rebatizado como "Camilo Cienfuegos" pelo novo regime castrista e serviu como residência de trânsito para os assessores soviéticos, nos anos gloriosos do combustível farto e dos subsídios generalizados. A mudança de nome fracassou, como tantas outras coisas, e o edifício continuou a ser chamado pela neutra e misteriosa sigla original. Do alto do Focsa, onde fica o restaurante La Torre, avista-se a cidade inteira e desvenda-se a história inscrita na paisagem urbana.

O Focsa está fincado no bairro do Vedado. Havana Velha estende-se na direção do nascente, a partir do Paseo del Prado. O núcleo colonial, circundado pela baía em meia lua e vigiado pelas fortalezas espanholas, guarda centenas de edificações barrocas e neoclássicas, muitas em ruínas, outras restauradas recentemente. O imponente boulevard do Prado, construído em granito no final do século XVIII, na faixa exterior dos antigos muros da cidade, assinala o limite entre o núcleo colonial e Centro Habana. O Capitólio Nacional, uma réplica do Capitólio de Washington, inaugurado em 1929 e que serviu como sede de governo até a Revolução, fica nesse limite. As visitas turísticas guiadas não o ultrapassam, pois uma Havana mais "verdadeira" esparrama-se pelos quarteirões seguintes.

A capital cubana expandiu-se no século XIX, sob o influxo da imigração espanhola e de sua posição privilegiada nas redes de comércio marítimo do Caribe. Nesse período, conheceu o fenômeno da segregação espacial, que se coagulou sob a forma da divisão entre Centro Habana e Vedado. O bairro popular onde mora Yoani tem mais de 160 mil residentes e uma densidade média de 40 mil habitantes em cada um de seus 4 quilômetros quadrados. O Vedado, com suas avenidas e ruas arborizadas, nasceu como enclave de mansões implantadas num plano ortogonal, em antiga área de floresta fechada a construções pelas autoridades coloniais.

No século xx, em quase todo o mundo, as cidades litorâneas viram seus bairros sofisticados espraiarem-se ao longo da orla de praias. O Malecón começa no Paseo del Prado e extingue-se no fim do Vedado. Mas a fachada costeira ocidental começou a ser ocupada nos anos 1920 por uma elite que reiterava a sua decisão de separar-se fisicamente dos pobres. O "novo Vedado" é o bairro de Miramar, com suas mansões que funcionam atualmente como embaixadas e pousadas (*casas particulares*) e um complexo de edifícios erguidos a partir do "Periodo Especial" para ser o Centro de Negócios Miramar.

Do restaurante La Torre, sob o jato de um sol aplastante, distingue-se a olho nu, sem mapas, o início e o fim de Centro Habana. É como se a faixa quase retangular daqueles quarteirões tivesse sido bombardeada numa guerra da qual não existem registros históricos. A deterioração das fachadas e a ruína dos interiores do bairro onde vive Yoani são indícios de uma lógica singular da economia cubana. A Cuba esculpida pelo regime castrista opera pela destruição permanente de capital social.

Capital social é um bem público, encarnado em coisas materiais, como as infraestruturas urbanas, viárias e energéticas, e num conjunto ainda mais valioso de riquezas "invisíveis", como as qualificações técnicas e culturais das pessoas. As nações herdam capital social acumulado – e o ampliam ou, em certos casos, o dilapidam. As paisagens das cidades cubanas evidenciam a extensiva dilapidação de riquezas herdadas. A "economia de ruínas" expressa-se também na obsessiva e criativa recuperação de veículos produzidos há mais de meio século. Mas, sobretudo, desde o colapso da URSS, na desqualificação do trabalho qualificado que transfigura médicos, professores, engenheiros e historiadores em motoristas clandestinos, guias turísticos, recepcionistas de hotel e prostitutas.

A marca distintiva do sistema castrista em crise foi sintetizada na gíria cubana pelo termo "sociolismo", uma fusão de "socialismo" com "amiguismo". Na Cuba inaugurada com o "Período Especial", a economia real é a economia subterrânea, que se articula em redes de ajuda mútua voltadas para o desvio de mercadorias rumo à troca direta, no mercado negro. O "sociolismo" abrange a maior parte da população e ramifica-se na administração pública e nas empresas estatais. Quase todos os que podem apropriam-se de produtos ou matérias-primas em circulação na economia formal, a fim de comercializá-los em circuitos clandestinos. Sob o império da carência, a corrupção torna-se necessidade, adquire o estatuto de norma e engolfa a nação num universo de regras viradas ao avesso. Os *puros* oferecidos nas esquinas aos turistas são a ponta saliente, quase microscópica, de uma montanha de gelo submersa.

CUBA E OS INTELECTUAIS

O regime castrista sempre contou com a lealdade, senão com o entusiasmo, da maior parte dos intelectuais, dentro e fora de Cuba. A Revolução Cubana era, aos olhos deles, o raio de esperança depois da decepção imensa com a URSS. A Cuba dos Castros representava a fagulha do futuro, uma luz desafiadora às portas dos EUA, a visão de uma nova história tantas vezes profetizada. A narrativa canônica da trajetória cubana, que tolda os fracassos de uma ditadura brutal, foi produzida por intelectuais a partir de uma mistura de fé ideológica e ignorância histórica.

Nessa narrativa, a Cuba pré-revolucionária resume-se à violência da ditadura de Fulgêncio Batista, que é apresentado como um peão da geopolítica dos EUA, e ao contraste pungente entre a riqueza de uma elite e a miséria homogênea do povo. Mas essa Cuba caricatural nunca existiu.

Batista tornou-se presidente em 1940, pela via eleitoral, e governou como um reformista por quatro anos, implantando leis trabalhistas que lhe valeram o apoio do quase irrelevante Partido Comunista de Cuba. Voltou ao poder num golpe militar, depois de ser derrotado nas eleições de 1952. Seu regime autoritário perdeu o apoio dos EUA, que impuseram um embargo de armas, mas continuou a contar com a simpatia dos comunistas até 1958.

A opinião pública cubana voltou-se maciçamente contra uma ditadura que não conseguia calar as vozes oposicionistas. No seu julgamento, pouco depois do desastrado ataque ao quartel Moncada, em 1953, Fidel Castro pronunciou um discurso célebre. Eis como descreveu o panorama político cubano na hora da rebelião frustrada: "Existia uma opinião pública respeitada e acatada, e todos os problemas de interesse coletivo eram livremente discutidos. Havia partidos políticos, emissões radiofônicas de debates, programas polêmicos de TV, atos públicos e o povo palpitava de entusiasmo." Ou seja: havia tudo que desapareceria com a implantação de seu próprio regime.

Os mitos que envolvem a Revolução Cubana filtraram-se até mesmo em obras de intelectuais justamente aclamados, como o cineasta Sydney Pollack. No seu *Havana* (1990), Fulgêncio Batista é representado como um homem loiro, de olhos azuis, a personificação de uma elite associada aos EUA. Mas, na verdade, o ditador era um mulato, de origens humildes, cujos pais participaram das lutas pela independência de Cuba. E, por outro lado, os revolucionários do Movimento 26 de Julho emanaram das fileiras de uma classe média bem educada, que ansiava por se ver livre da ditadura.

A história fabricada conta a Revolução Cubana como um levante popular e camponês. Mas as greves gerais chamadas pelos rebeldes de Sierra Maestra foram ignoradas pelos trabalhadores urbanos e as colunas da guerrilha tiveram uma adesão quase irrelevante dos camponeses. Um regime apodrecido esboroou-se e o poder caiu nas mãos da corrente opositora mais organizada, que prometia a democracia e a restauração da Constituição de 1940. O primeiro gabinete de governo formado após o triunfo de Fidel tinha sete advogados, um médico, um engenheiro, um arquiteto, um antigo prefeito, um coronel que rompera com Batista, dois professores universitários e três estudantes universitários.

Na Cuba castrista, o culto à personalidade de Fidel é um fenômeno sutil, que opera por meio de duas derivações. Há um culto oficial de José Martí, que seleciona e recorta suas frases de modo a fazer Fidel falar pela voz do herói da independência. Paralelamente, há um culto de Che Guevara, que divide a Praça da Revolução com Martí. Os intelectuais engajados na mitologia castrista protegem a imagem de Che como uma igreja preserva suas relíquias. Os seus artigos, livros e filmes reiteram sem cessar a foto icônica de Alberto Korda, polindo a figuração de um rebelde humanista e idealista. Mas o Che da história é outro.

As revoluções que prometem a liberdade tendem a se tornar violentas apenas algum tempo após o triunfo, quando a nova elite dirigente consolida-se no poder. A Revolução Cubana estiolou-se na violência abjeta desde a hora do triunfo. Che Guevara dirigiu pessoalmente as primeiras violências. De janeiro a junho de 1959, no posto de comandante da fortaleza de La Cabaña, na entrada oriental da baía de Havana, ele determinou o fuzilamento de centenas de prisioneiros submetidos a processos sumários em "tribunais revolucionários". A vulgaridade e a desumanidade do Che da história estão relatadas em biografias meticulosas, mas tais obras não chegam a arranhar o mito impresso em camisetas junto com uma frase sobre a ternura.

Na estrutura da narrativa canônica, o silêncio vale tanto quanto a palavra, e às vezes mais. O filme *A cidade perdida*, do cubano-americano Andy Garcia, escrito por Cabrera Infante, é um lamento de perda: a perda da família, de um amor, de uma Havana. O seu tema de fundo é a divisão da nação cubana, a perda que sintetiza todas as outras. De modo geral, os críticos não gostaram da obra, por razões um tanto estranhas. Eles não aprovaram a representação de um Batista mulato. Não aceitaram a descrição de uma paisagem política na qual a ditadura de Batista enfrentava uma rejeição generalizada, inclusive na elite cubana. Sobretudo, escandalizaram-se com o paralelismo entre as violências dos oficiais de Batista e as de Che Guevara. O belo filme, financiado precariamente fora do circuito empresarial de Hollywood, conheceu cerrado boicote em festivais e salas de exibição na América Latina.

Um elemento estratégico da mitologia que cerca a Cuba castrista é a teoria da ditadura benigna. No Brasil, a teoria difundiu-se amplamente por meio do livro *A ilha*, de Fernando Morais, escrito como uma reportagem e publicado quando Yoani ainda não tinha um ano de idade. O "socialismo numa só ilha" pintado no livro de enorme sucesso era um sistema de uma eficiência social inigualável, que erguera os cubanos das profundezas da miséria e assegurava a todos padrões adequados de saúde e educação. A lenda, que persiste, extrai sua força do cancelamento da história.

Fernando Morais não comparou os indicadores sociais da Cuba pré-revolucionária com os de outros países. A omissão cumpria funções políticas definidas. Os relatórios anuais da ONU registram que, em 1957, dois anos antes de Fidel tomar o poder, Cuba exibia a menor taxa de mortalidade infantil da América Latina. Aquela taxa, de 32 por mil, era também menor que as da Bélgica, da França, do Japão e da Alemanha e estava entre as 15 mais baixas do mundo. Em 2000, continuava a ser a menor da América Latina, seguida de perto por Chile, Costa Rica e Porto Rico, mas já não estava no grupo das 25 menores do mundo. A informação deve, ainda, sofrer uma contextualização: Cuba legalizou o aborto e exibe uma das maiores relações aborto/gravidez do mundo, em torno de 60%, o que contribui decisivamente para reduzir a mortalidade infantil.

O panorama educacional não é muito diferente. Uma década antes de Fidel triunfar, Cuba estava entre as nações com maior taxa de alfabetização da América Latina. Em 1957, a ilha caribenha tinha 128 médicos e dentistas por cada grupo de 100 mil habitantes, o que a colocava no mesmo patamar da Holanda e à frente da Grã-Bretanha. Não é algo espantoso, quando se leva em conta que, em 1958, a renda *per capita* de Cuba superava as do Japão e da Áustria.

A ditadura de Batista, derrubada por Castro, também não era benigna. Os invejáveis indicadores sociais dos anos 1950 refletiam uma longa trajetória, iniciada nos tempos coloniais, quando Cuba havia sido um dos mais dinâmicos centros hispano-americanos, atraindo colonos prósperos e constituindo uma elite numerosa. Os revolucionários cubanos, de Martí a Castro, emergiram de um meio intelectual cosmopolita e denso, o que não é fortuito. Sob o castrismo, os investimentos estatais concentraram-se nas forças armadas, fundamento do poder interno e das aventuras externas na arena africana, e no esporte, na saúde e na educação, setores vitais para a edificação da imagem internacional do regime. As conquistas sociais anteriores foram preservadas, mas a nova ditadura não produziu nenhum milagre.

Uma entrevista na TV cubana, e suas intensas repercussões, deram o empurrão final para que Yoani começasse o seu blog. A 5 de janeiro de 2007, o programa *Impronta*, dedicado a intelectuais de relevo na cultura cubana, entrevistou Luís Pavón Tamayo, chefe do Conselho de Cultura Nacional entre 1971 e 1976, responsável direto pelos expurgos stalinistas que atingiram escritores e artistas. A ausência de uma menção a seus papéis de censor e repressor provocou indignação entre centenas de intelectuais. Uma torrente de mensagens eletrônicas de protesto invadiu a caixa de e-mails do ministro da Cultura, Abel Prieto.

A polêmica extravasou o caso de Pavón. Nas mensagens trocadas entre os intelectuais, as críticas voltaram-se para o controle estatal do pensamento e evidenciaram diferentes pontos de vista sobre um tema que continua a figurar como tabu no país. A revista digital *Consenso* recolheu as mensagens, tornando-as públicas, com o consentimento de seus autores (http://www.desdecuba.com/polemica).

A efervescência secou quando Desidério Navarro, um acadêmico e especialista em teoria literária, desviou o debate para o fórum da União dos Artistas e Escritores de Cuba. Navarro convidou uma parte dos polemistas para uma série de conferências, excluindo todos os que não tinham as carteirinhas do órgão oficial, que se subordina ao poder estatal. Yoani e outros foram impedidos de entrar na Sala Che Guevara da Casa das Américas, onde os convidados se reuniam com um Abel Prieto que, nas palavras da blogueira, "repetiu a ideia de que num lugar sitiado, dissentir é trair". Do gosto amargo daquela experiência nasceu *Generación Y*.

Os textos que se encontram neste livro são frutos da pena (ou melhor, do teclado) de uma intelectual verdadeira. Ela não ostenta medalhas acadêmicas, muito menos títulos oficiais. Mas pensa que dissentir nunca é trair. Eis a marca que distingue o intelectual verdadeiro.

CADASTRE-SE no site da Editora Contexto para receber nosso boletim eletrônico na sua área de interesse e também para acessar os conteúdos exclusivos preparados especialmente para você. **www.editoracontexto.com.br**

- HISTÓRIA
- LÍNGUA PORTUGUESA
- GEOGRAFIA
- FORMAÇÃO DE PROFESSORES
- MEIO AMBIENTE
- INTERESSE GERAL
- EDUCAÇÃO
- JORNALISMO
- FUTEBOL
- ECONOMIA
- TURISMO
- SAÚDE

CONHEÇA os canais de comunicação da Contexto na web e faça parte de nossa rede
    orkut **www.editoracontexto.com.br/redes/**

Promovendo a Circulação do Saber

GRÁFICA PAYM
Tel. (011) 4392-3344
paym@terra.com.br